JUNGIANA

Beiträge zur Psychologie von C.G. Jung

Carl Gustav Jung hat, über Sigmund Freud hinausgehend, das kollektive Unbewußte entdeckt. Er betonte in seinen Forschungen stets die Autonomie und Wirklichkeit der ‹objektiven Psyche›, wie er das Unbewußte auch genannt hat. Wir wissen nicht, was die unbewußte Psyche ‹an sich› ist; sie ist und bleibt ein größtes Geheimnis des Lebens, und wir erkennen sie nur an ihren Wirkungen auf das Bewußtsein. In religiöser Sprache wäre sie der deus absconditus, der unbekannte Gott.

In diesen Beiträgen zur Psychologie von C. G. Jung sollen Autoren zu Wort kommen und Arbeiten aufgenommen werden, die sich um die Erforschung der autonomen Psyche und ihrer Wirkung bemühen. Viele Jungsche Analytiker wissen, daß die Quelle ihrer therapeutischen Möglichkeiten in der eigenen schöpferischen Arbeit liegt. Die meisten von ihnen arbeiten zurückgezogen an dem, was aus dem Unbewußten in ihr Bewußtsein drängt. Sie versuchen, den unbewußten archetypischen Impulsen zu folgen, welche die Modeströmungen des Zeitgeistes kompensieren, und so Antwort zu geben auf die bedrückenden Probleme unserer Zeit. Sie arbeiten im besten Sinne am ‹Mysterium coniunctionis›, an der Vereinigung der immer gefährlicher auseinanderklaffenden Gegensätze.

Naturgemäß finden diese Arbeiten weniger Zugang nach außen. Meistens sind sie auch nicht aus einer solchen Absicht heraus entstanden und doch oft so bedeutend, daß sie einer weiteren Öffentlichkeit zugänglich gemacht werden sollten. Dieses Ziel soll durch die Herausgabe von zwei getrennten Reihen der JUNGIANA erreicht werden:

– Die Reihe A ist vorgesehen für kürzere Beiträge oder Manuskripte zu Vorlesungen, Vorträgen, Seminarien und Kursen.
– Die Reihe B ist größeren, eigenständigen Monographien vorbehalten.

Vorlagen und Hinweise zur Gestaltung der Manuskripte sind zu beziehen beim Verlag Stiftung für Jung'sche Psychologie, CH-8700 Küsnacht. Über die Aufnahme eines Manuskriptes entscheidet der Stiftungsrat.

JUNGIANA

Beiträge zur Psychologie von C.G. Jung

Reihe A Band 2

Verlag Stiftung für Jung'sche Psychologie
Küsnacht

Herausgegeben von der Stiftung für Jung'sche Psychologie

Hergestellt in den Werkstätten der Fotorotar AG, Egg ZH
Printed in Switzerland
ISBN 3-908116-02-3

Inhaltsverzeichnis

Vorwort

Am 4. Januar 1990 feierte Marie-Louise von Franz ihren 75. Geburtstag. Sie war die engste und wohl bedeutendste Mitarbeiterin von C. G. JUNG im letzten Drittel seines Lebens (1933–1961) und ist durch ihre Vorträge, Aufsätze und Bücher weltweit bekannt geworden. Was sie für uns bedeutet, die wir sie in persönlicher Freundschaft und als unsere Analytikerin zu kennen das Glück haben, versuchte ich 1985 an ihrer Geburtstagsfeier im ‹Bad Schmerikon› auszudrücken:

> «Liebe Marie-Louise, ... wenn ich Dich hier würdigen soll, kann ich das nur ganz individuell, von meinem eigenen Erleben aus. Ich kann nichts Ausgewogenes sagen, ich kann nur einige ‹Amplifikationen› dazu geben, was Du für mich bist.
>
> Die Begegnung mit Dir hat vielen von uns das Leben grundsätzlich verändert. Ich weiß von mehreren Freunden, deren Leben durch die Begegnung mit Dir eine totale Wendung erfahren hat. Wahrscheinlich könnte man das, was wir an Dir erleben, mit dem vergleichen, was Du an Jung erlebt hast. Ich habe ihn nicht gekannt, einige von uns haben ihn noch gekannt – aber ich stelle mir vor, daß Dir die Begegnung mit Jung das gleiche bedeutet hat, was Du uns bedeutest.
>
> Du hast jeden von uns zur eigenen Wahrheit geführt, zum eigenen Selbst, und mir scheint, das kannst Du eben nur, weil Du selber das lebst und weil Du das ganz ehrlich bist, was Du uns sagst. Das ist vielleicht, wenigstens einmal vordergründig, das größte und das eigentliche Erlebnis von mir an Dir: das unbedingte Bezogensein auf die innere Instanz, auf die objektive Psyche.
>
> Vielleicht ist aber etwas noch wichtiger, was aber schwierig zu sagen ist, und das hat nämlich mit der Art zu tun, wie Du aufs Selbst bezogen bist: irgend etwas mit dieser Bescheidenheit und Menschlichkeit und Ehrlichkeit. Man hat bei Dir nie das Gefühl, man werde von Dir an der Hand genommen und in einer infantilen Art geführt, sozusagen ein wenig beschützt oder so wie von einem Guru in die Jungschen Weisheiten eingeführt. Man hat nie das Gefühl, Du seiest eine Art Pontifex, welcher die Weisheit hat und welcher den andern urbi et orbi den Segen gibt und verteilt –

es hat gar nichts damit zu tun, daß Du irgend im Besitz einer Wahrheit bist, sondern ich erlebe es eher als ein Hingeführtwerden an die eigene Wahrheit.

Wenn man mit Dir im Zimmer sitzt, dann geht es immer unmittelbar ums Selbst, ums Numen, um den unbeugsamen Willen Gottes, so wie er im Traum oder in der aktiven Imagination vorhanden ist, und es geht gar nie um irgend etwas Ichhaftes. Auch wenn man zusammen ist und im Stuhl sitzt, dann knien eigentlich beide, Marie-Louise und der, welcher bei ihr ist, gleichsam vor dem Großen, Unerfaßbaren. Diese Ehrlichkeit des Menschseins gegenüber dem Numinosen – das ist für mich das große Erlebnis an Dir.

Alfred Ribi hat einmal schön gesagt, was der Unterschied zwischen irgendeiner Heilslehre und dem Jungschen Weg ist: bei der Heilslehre wird immer irgendeine ‹Wahrheit› vermittelt, von welcher man essen kann oder auch nicht, und Jung führt einen zu sich selber, zum eigenen Selbst. Darum sind nie zwei Wege gleich, und es geht nicht um irgendeinen Besitz, den man kodifizieren könnte.

Also könnte man ja sagen, Du lebest einfach Jungsche Psychologie, oder man könnte es auch umgekehrt sagen: Du bist für mich einer von den ganz wenigen Menschen, die meiner Ansicht nach im tiefsten begriffen haben und das leben, was Jung eigentlich gemeint hat. Und für mich bist Du einer von den ganz wenigen Menschen, von welchen ich den Eindruck habe, daß nicht der allerkleinste ‹falsche Dreh› drin ist, wie Du jeweils gerne sagst, daß irgendwo ein falscher Dreh drin ist, und an diesem Nichtvorhandensein eines solchen kleinsten falschen Drehs, an dieser absoluten Richtigkeit des Bezogenseins aufs Selbst liegt für mich alle Hoffnung der Welt. Denn gäbe es das nicht bei Dir, dann gäbe es das einfach nirgends, dann müßte man verzweifeln daran, daß es überhaupt möglich ist, echt bezogen zu leben. Ich glaube nicht, daß das von mir Übertragung ist, sondern das ist für mich *der* Ort – ich stelle mir das jedenfalls so vor –, wo das Ewige in die menschliche Beziehung hereinkommt.»[1]

Und wie damals – aber heute bedrückt durch die Sorge um ihre körperliche Gesundheit – wünschen wir Marie-Louise und uns allen, daß es ihr noch viele Jahre gutgehen mag.

---

[1] Geburtstagsgruß am 4. Mai 1985 im ‹Bad Schmerikon› am oberen Zürichsee.

Diesen zweiten Band der Reihe A der JUNGIANA möchten wir unserer Jubilarin zueignen. Wir haben ursprünglich beabsichtigt, eine eigentliche Festschrift für Marie-Louise von Franz herauszugeben, und Analysanden und Freunde von ihr eingeladen, uns Beiträge zu schicken. Wir erhielten mehr und umfangreichere Arbeiten, als wir erwartet hatten. Die finanziellen und administrativen Schwierigkeiten zur Herausgabe eines Werkes von über 500 Druckseiten überstiegen aber unsere Kräfte. Eine Auswahl wollten wir nicht treffen. So haben wir uns entschlossen, auf die vorgesehene Drucklegung zu verzichten. Dafür haben wir die Aufsätze in einem maschinengeschriebenen Band gesammelt und ihr als festlich gebundenes ‹Unikat› am Geburtstag überreicht; zudem erhält jeder Mitarbeiter eine Kopie des Buches.[2] Es tut uns leid, durch den Verzicht auf den Druck viele enttäuscht zu haben. Einzelne Aufsätze veröffentlichen wir bei Gelegenheit in der JUNGIANA; in diesem Band sind es die Arbeiten von WILHELM JUST und ANNE MAGUIRE sowie das Verzeichnis der Schriften von Marie-Louise von Franz. Dieses letztere haben wir ganz aus der ‹Festschrift› herausgenommen.

Im Herbst 1982 hat FRANÇOISE SELHOFER in Bollingen auf Veranlassung unserer Stiftung von Marie-Louise von Franz einen schönen und eindrücklichen Film gedreht, mit dessen Text wir diesen Band eröffnen. Sie gibt darin Einblick in ihr eigenes Leben, ihre Begegnung und Zusammenarbeit mit C.G. JUNG, ihr Verständnis seiner Psychologie, die Entstehung ihres Werkes und die Art ihres Schaffens. Sie beantwortet im weiteren Fragen zur Traumdeutung, zur Kreativität, zur Synchronizität, zur Alchemie und zu den uns bedrückenden Zeitproblemen. Wenn noch Hoffnung auf eine Erneuerung unserer vom Untergang bedrohten Kultur und Zivilisation besteht – so stellt sie am Ende des Interviews mit größter Besorgnis fest –, dann nur in dem, was JUNG entdeckt hat: im positiven Kontakt mit dem kreativen Urgrund des Unbewußten und mit den Träumen, mit unseren seelischen Wurzeln. Allein dort sind die konstruktiven Vorschläge zu finden, die uns bei den sonst unlösbaren Fragen weiterhelfen können.

Als zweiter Beitrag folgt ein soweit wie möglich vollständiges Verzeichnis der Schriften von Marie-Louise von Franz, das ALISON KAPPES sorgfältig zusammengestellt hat. Diese Bibliographie kann auch Fer-

---

[2] Eine Adreßliste der Autoren mit den Titeln ihrer Beiträge kann beim Verlag Stiftung für Jung'sche Psychologie, CH-8700 Küsnacht, bezogen werden.

nerstehenden eine Ahnung geben von der unvorstellbaren Schaffenskraft der Autorin. Uns selber hat diese Übersicht erneut gezeigt, wie dringend die Herausgabe ihrer ‹Gesammelten Werke› zu wünschen ist.

In seinem Aufsatz ‹Durch das Offene zum unus mundus› hat WILHELM JUST, als Physiker am Institut Laue-Langevin in Grenoble arbeitend und Jungscher Analytiker, erkenntnistheoretische Probleme aufgenommen, deren Beantwortung Marie-Louise von Franz besonders am Herzen liegen. Er stellt dar, wie KURT GÖDEL auf streng rationale Weise bewiesen hat, daß letztlich jedes formale mathematische System offen bleibt. Jedem Axiomensystem ist darum ein projektiver, das heißt archetypisch bewirkter Faktor zu eigen. Es gibt in der Mathematik als wahr erkannte Aussagen, welche aus dem gegebenen Axiomensystem nicht herleitbar sind. Sie weisen auf einen bewußtseinstranszendenten Hintergrund, vergleichbar der Ideenwelt PLATONS. Wie C.G. JUNG durch die Synchronizitätsphänomene zur Hypothese der Existenz eines unus mundus gezwungen wurde, einer (potentiellen) Einheitswirklichkeit, die als psychisch und als physisch erfahren wird, so stellt JUST Überlegungen an, nach welchen die unvereinbaren, aber komplementär aufeinander bezogenen mathematischen Aussagen die Annahme eines unus mundus bestätigen und bestärken.

Der Religionshistoriker GILLES QUISPEL ist in seinem Vortrag an der C.G. Jung-Gedenkfeier am 6. Juni 1989 in Zürich solchen frühchristlichen und gnostischen Texten nachgegangen, in denen die Frau ebenbürtig an die Seite des Mannes gestellt wird. Im Zentrum seiner Ausführungen steht dabei das Thomasevangelium, das zu den Funden im oberägyptischen Dorf Nag Hammadi von 1945 gehört. Diese Texte enthalten Aussagen, die auf den ‹androgynen Menschen› zielen, das heißt den ganzheitlichen Menschen, der in sich das Männliche und das Weibliche bewußtgemacht hat, und in denen auch eine Hochschätzung der körperlichen Liebe zwischen Mann und Frau sichtbar wird. Solche Stimmen gehörten selbstverständlich nicht zum ‹patriarchalen› Christentum, wie es historisch die Oberhand gewonnen hat; als frühe Belege der Kompensation durch das Unbewußte sind sie aber von großem Wert.

Unsere Umwelt ist krank, die Beziehungen zwischen den Menschen und den Völkern untereinander sind gestört. ANNE MAGUIRE, Spezialistin für Hautkrankheiten und Jungsche Analytikerin, sieht die Ursachen dieser Krankheit in einer weltweiten psychischen Dissoziation der Menschen, ausgelöst durch die Identifikation des Ichbewußtseins mit dem rationalen Intellekt. Der moderne Mensch glaubt, mit Vernunft und Willen alles beherrschen zu können. Im menschlichen Bereich führte diese Identifikation zu einer Abtrennung vom Instinkt und vom Gesetz des Eros, in der Natur zu deren rücksichtsloser Ausbeutung, zu einer Vergiftung von Wasser, Luft und Erde. Am Beispiel von Afrika zeigt uns die Autorin die katastrophalen Folgen dieses Ungleichgewichts. Synchronistisch verstanden parallel zur psychischen Dissoziation ist AIDS über den Kontinent und die Menschheit hereingebrochen. Es ist, wie wenn die Psyche über die Erkrankung des Körpers die Gefährlichkeit der Situation signalisieren und bewußtmachen möchte. ANNE MAGUIRE sieht darum in der Symptomatik dieser Krankheit den Versuch des Geistes, «das durch den allgemeinen Seelenverlust verursachte Ungleichgewicht über die Materie wieder zu berichtigen». Den wegen seiner schonungslosen Offenheit bedrückenden Aufsatz umschließt sie mit dem Bild eines auf den steinernen Ruinen eines Forts über Mombasa wachsenden prähistorischen Baumes. Er wird hier zum hoffnungsvollen Symbol dieses unsterblichen Geistes, des Geistes des in der Materie verborgenen Gottes, der auch diese Spaltung überwinden kann, in und durch die Menschen, in denen er lebt.

PEDRO PENTEADO KUJAWSKI führt mit seiner Arbeit über die Nago-Religion in Brasilien in die Tiefen der afrikanischen Seele. Selber in Brasilien aufgewachsen und christlich erzogen, begegnete er in jungen Jahren DEOSCOREDES M. DOS SANTOS, einem profunden Kenner der Nago-Traditionen in Salvador. Ein Traum, in dem ihm ein afrikanischer Gott als eigener Ahne vorgestellt wurde, führte ihn, den Weißen, mit DOS SANTOS' Hilfe zu einer eigentlichen Initiation in diese Religion der Schwarzen. In dieser Arbeit – sie war seine Diplomthesis am C.G. Jung-Institut in Zürich – unternimmt es KUJAWSKI, sich bewußt zu machen, was ihn damals im tiefsten bewegte und heute noch bewegt, und er stößt dabei auf die gleichen Wurzeln, aus der auch JUNGS Psychologie wie auch die mittelalterliche und afrikanische Alchemie hervorgewachsen sind: auf die unbewußte, objektive Psyche. Es ist ein ungewöhnlich spannendes, mit höchster Sorgfalt und großem Ernst geschriebenes Werk. MARIE-LOUISE VON FRANZ begrüßte es als eine Arbeit, die in wahrstem Sinne völkerverbindend ist.[3]

---

[3] In JUNGIANA Reihe A Band 1 haben wir KUJAWSKIS Arbeit als Band 3 der Reihe B angekündigt. Sie erscheint jetzt aber früher in diesem Band.

So hoffen wir, auch mit diesem zweiten Band unserer Zielsetzung und unserem Signet und Symbol, dem Merkurbrunnen, gerecht zu werden. Das Wasser des lebendigen Geistes soll fließen und adäquat aufgefaßt und verstanden werden.

Januar 1990

Für den Stiftungsrat:

Gotthilf Isler

Marie-Louise von Franz

im Film von Françoise Selhofer

Bollingen, September 1982

Ich habe jahrzehntelang irgendwo einen Ort gesucht, wo ich in der Natur sein könnte. Ich hab' an die Berge gedacht, ich hab' an Seeufer gedacht. Nie konnte ich etwas erwerben, oder es war zu teuer oder zu weit weg oder nie war es richtig. Und dann hat einmal der Sohn von Professor Jung mir gesagt: «Ich habe gehört, daß da in Bollingen, da oben am Hang oben, einer verkaufen will. Ich kenne ihn nicht genau, aber er heißt so und so.» Und dann bin ich sofort am gleichen Nachmittag noch heraufgefahren und hab' diesen Mann gefragt, und er hat gesagt: «Ja, ja, sofort. Ich will den ganzen Grempel loswerden. Kommen Sie nur.» Und hat mir diesen Platz gezeigt, und ich fand ihn zauberhaft schön und hab' sofort gedacht: «Das ist es.» Und bin zurück zum Turm von Professor Jung gerannt und hab' ihm erzählt, und er hat gesagt: «Das müssen wir sofort sehen.» Und ist in das Auto gesprungen mit Miß Bailey, die seine Gesellschafterin war, und dann haben wir da oben gestanden, und dann hat er mir die Hand auf die Schulter gelegt und hat gesagt: «Gehen Sie sofort zu dem Herrn G. und sagen Sie, Sie nehmen diesen Platz fest. Reserviert für Sie, Sie nehmen das. Das ist der richtige Ort!» Und so bin ich dazu gekommen. Ich hab's auch nie bereut. Es ist der ‹Genius loci›, es ist der Ort, wo ich mich heimisch fühle.

Haben Sie hier etwas von Ihrer Kindheit wiedergefunden?

Die Landschaft ist ganz verschieden, aber ich habe insofern meine Kindheit wiedergefunden, als ich in einem großen Garten aufgewachsen bin, wo ich meistens allein in der Natur gespielt habe und eine große Liebe für die Tiere und die Pflanzen entwickelt habe. Und dann hab' ich mein Leben lang in gemieteten Zimmern gelebt und habe immer diese Sehnsucht behalten, wieder einmal ein Stück Erde und die Natur und diesen Kontakt mit der Natur zu finden. Und das hab' ich hier wiedergefunden. Drum hab' ich auch später einmal, in der dritten oder vierten Nacht, wie ich hier geschlafen habe, von Affen geträumt, die *selig* um das Haus herumturnen. Die Tierseele konnte endlich wieder leben, die Tierahnen kamen zum Leben. Das Lebensgefühl, das man nur hat, wenn man in der Natur ist, ein Tier unter andern. So, in dem Sinn schon. Es ist hier ganz anders, aber das Gemeinsame ist die Natur und das Alleinsein in der Natur, lange schweigen und nur allein mit den Tieren und den Pflanzen sein, das ist, was einem so wohltut.

Nachdem Jung mich überredet hatte, ich solle dieses Terrain kaufen, sagte er auf der Runterfahrt in seinem Auto über die Schulter: «Aber dann bauen Sie mir nicht so ein blödes Beton-Glas-Ferienhaus dorthin. Sie müssen auch einen Turm bauen!» Das hat mich natürlich sehr gefreut. Ich hätte mich nie getraut, es ihm nachzumachen, aber so hab' ich drum einen viereckigen Turm gebaut. Seiner ist rund. Und da ist mir noch etwas Seltsames passiert. In einer der ersten Nächte, wie ich allein in dem Turm schlief, hab' ich geträumt, daß im Jenseits eine identische Replika meines Turmes sei und daß ich dort alles mögliche erlebte. Und wie ich es Jung erzählte, sagte er: «Das ist doch merkwürdig, ich habe auch geträumt. Ich habe geträumt, daß mein Turm noch einmal eine Replika auf der andern Seite des Sees habe. Das bedeutet, daß dieser Turm nur ein irdisches Abbild einer ewigen Idee ist. Das Selbst, die größere Persönlichkeit – denn der Turm ist ein Symbol des Selbst – ist im Jenseits.» Und weil ich mich so begeistert engagiert hatte, im Diesseits zu bauen, ermahnte mich das Unbewußte, daß der eigentliche Turm im Jenseits stehe. Und seither träume ich periodisch immer wieder, daß ich in dem jenseitigen Turm bin. Und Jung selber hat vor seinem Tod geträumt, daß er nun in seinen jenseitigen Turm umziehen könne, in das andere Haus, auf der anderen Seite des Sees.

Wie haben Sie Professor Jung kennengelernt?

Ja, ich ging mit dem Neffen der Freundin von Professor Jung, Toni Wolff, in die Schule. Jung hat einmal zu diesem jungen Mann gesagt: «Ich kenne eure Generation sehr wenig, Du kannst einmal ein paar junge Leute mitbringen, und ich lade euch nach Bollingen ein.» Und da hat er mich eingeladen, mit sonst lauter Knaben. So sind wir sieben Gymnasiasten und ich, acht im ganzen, bei Jung eingeladen gewesen und waren einen ganzen Tag dort. Und Jung hat so eindrücklich von der Wirklichkeit der Seele gesprochen, daß ich *tief* beeindruckt war. Ich bin heimgegangen und hab' gedacht: «Jetzt brauchst du zehn Jahre, um zu verdauen, was dieser Mann alles heute gesagt hat.» Und dann erfuhr ich, daß er an der ETH, an der Eidgenössischen Technischen Hochschule, Vorträge hielt. So bin ich hingegangen. Ich war aber zu schüchtern, ihn zu begrüßen. Ich hab' gedacht: «Wenn *er* mich

wiedererkennt – gut, aber wenn . . .» Und er ging einfach auf mich los und sagte: «Wie geht es Ihnen?» Und da war ich natürlich selig, daß er mich noch erkannte.

Und wie begann Ihre Zusammenarbeit?

Es war so: Wie ich ihn kennengelernt habe – hat er mir später gesagt –, habe er sofort das Gefühl gehabt, ich hätte etwas mit Alchemie zu tun. Und darum, wie ich ihn dann fragte, ob ich bei ihm eine Analyse machen könne – aber das Problem sei, ich hätte kein Geld –, hat er gesagt, er nehme mich in Analyse und ich könnte zum Ausgleich einfach für ihn lateinische und griechische Texte übersetzen, denn sein Latein und Griechisch sei ein bißchen eingeschlafen. Das war auch so. Am Anfang konnte er es nicht gut, nachher ist es wieder aufgewacht, und dann konnte er ebenso gut Latein und Griechisch wie ich. Aber am Anfang war er nicht mehr geübt. Und dann hat er mir zunächst einfach einmal eine Sammlung von alchemistischen Traktaten ‹Museum Hermeticum› in die Hand gedrückt und hat gesagt: «Machen Sie Übersetzungen und Exzerpte von allem, was Sie denken symbolisch interessant ist.» Und ich hab' gesagt: «Aber ich muß mehr Richtlinien haben. Ich weiß doch nicht.» – «Nein, benützen Sie Ihre Intuition.» Und so hab' ich dann mit Ehrfurcht diesen alten Schmöker genommen, der 1593 erschienen war. Und eines Abends habe ich gedacht: «Heute habe ich Zeit, jetzt will ich einmal zuerst darin lesen.» Und hab' meine Hände gewaschen. Und hab' ... aufgeschlagen den Anfang, und da hieß es: «Wir Brüder des Goldenen Kopfes und des Goldenen Kreuzes, behaltet das Geheimnis!» und so weiter und weiter. So eine pompöse Barockeinleitung. Ich hab' gedacht: «Ist das jetzt interessant, und muß man das übersetzen oder nicht?» Und ich war ganz verwirrt. So hab' ich gedacht: «Heute mach' ich nichts, ich lese einfach.» Und hab' irgendwo aufgeschlagen. Und hab' auf einer bestimmten Seite aufgeschlagen, und da stand *genau,* was ich geträumt hatte vor einem Jahr. *Mein Traum!* Ein Traum, den ich gehabt hatte, stand auf lateinisch da. Und ich hab' gedacht: «Du bist verrückt, du halluzinierst, jetzt bist du übergeschnappt», und hab' ein Handtuch genommen und hab' kaltes Wasser genommen und mir auf den Kopf gegossen und kalte Kompressen auf den Kopf gemacht und gedacht: «Du bist verrückt!» Und hab' gedacht: «Geh ins Bett. Du bist verrückt!» Und am nächsten Morgen hab' ich gedacht: «Was ist passiert gestern?» Und dann hab' ich gedacht: «Ja, ich bin verrückt gewesen. Ich hab' meinen Traum in dem Buch gelesen.» Und dann bin ich ganz ... Und dann hab' ich die Augen gerieben und hab' mir gesagt: «Ich bin nüchtern, ich heiße Marie-Louise von Franz, ich wohne an der Dolderstraße 107, ich fühle mich ganz normal.» Und dann bin ich zum Buch hingegangen, und da stand immer noch mein Traum auf lateinisch da, ein ganzes Stück von meinem Traum.

Sie haben Ihren Traum gefunden. Aber was suchten Sie eigentlich in diesen Büchern, Jung und Sie?

Das Christentum und die ganze christliche Kultur haben die Materie nicht ernst genug genommen und damit auch nicht den Körper und die Sexualität. Das ist jetzt eigentlich schon eine Trivialität heute. Wir wissen, daß das die Punkte waren, wo das Christentum versagt hat. Es hat den Menschen geholfen sterben, aber wie man lebt und wie man seine Sexualität und mit seinem Körper und seinen physischen Notwendigkeiten lebt, darüber werden wir nicht instruiert von den Pfarrern. Und da ist die große Lücke in der christlichen Tradition. Und die Alchemisten waren großenteils Ärzte oder dann eben *leidenschaftliche* Naturwissenschaftler, und die haben sich für das vernachlässigte weibliche Prinzip, für die Materie, für den Körper (interessiert) und damit auch für ein ganzes Stück des Unbewußten, denn die unbewußte Psyche ist ganz nah mit dem physiologischen Körper verknüpft und funktioniert im Zusammenhang damit. Und darum hat Jung sehr bald erkannt, daß die Alchemie gewissermaßen komplementiert und kompensiert, was im Christentum zu einseitig spirituell patriarchal orientiert ist. 's ist so eine unterirdische Gegenbewegung, die aber nicht Gegenbewegung ist in einem feindlichen Sinn, sondern eine Ergänzung, gewissermaßen das, was das Christentum – die Fragen, die das Christentum nicht hat beantworten können oder ignoriert hat oder mit einer theologischen Phrase erledigt hat. Diese waren im Mittelpunkt des Interesses der Alchemisten. Und darum haben sie die moderne Zeit vorbereitet, wo ja alles ins Gegenteil umgeschlagen ist: sexueller Libertinismus, krasser Materialismus, Übertreibung in der Naturforschung und so weiter. Das hat sich schon in der Alchemie vorbereitet. So ist die Alchemie auch die Mutter aller modernen Teufeleien. Und darum müssen wir die Alchemie studieren, dort ist all das, was uns unbewußt ist und was wir eigentlich harmonisch mit dem Christentum versöhnen müßten, um zu einem ganzheitlichen Weltbild zu kommen.

Hat die Alchemie nicht schon vor Jesus Christus begonnen?

Ja, die Alchemie hat ihre Wurzeln einerseits in der vorsokratischen Philosophie, wo die Griechen plötzlich nicht mehr mythologisch oder nicht mehr so mythologisch dachten, sondern eine Theorie der Materie entwickelt haben. Man muß hauptsächlich an die Atomisten denken, Leukip und Demokrit und dann Heraklit mit seiner Weltenergietheorie und so weiter. Die wissenschaftlichen Fragestellungen kommen von der vorsokratischen griechischen Wissenschaft her. Und die praktische chemische Technik kommt aus Ägypten, und zwar hauptsächlich aus dem Mumifizierungsritual. Sie müssen denken, daß zum Beispiel einer der Hauptteile der Mumifizierung ist, daß man die Leiche in einer Natronlauge badet. Und Natron heißt *n-t-r*, Gott. Es ist also eigentlich eine Gott-Lauge. Dort ist die Essenz der Alchemie, das Chemische auch als etwas Göttliches oder Geheimnisvolles anzusehen. Das kommt aus Ägypten. Sie haben in der Materie etwas Göttliches oder Geheimnisvolles gesehen, wie überall, wo noch primitive Magie lebt. Da haben die Steine und die Pflanzen und die chemischen Substanzen eine geheimnisvolle, göttliche Eigenschaft und haben Wirkungen auf den Menschen. Die sind nicht einfach tote Materie, wie wir das heute ansehen. Und im Mumifizierungsprozeß wollten die Ägypter eigentlich einen ewigen Körper – einen Auferstehungskörper oder einen ewigen Körper – herstellen, um die Identität des Toten zu bewahren. Und auch die Idee des Steins der Weisen ist eigentlich die Idee der unsterblichen Individualität, eines Seelenkerns, der unsterblich ist. Das Wichtigste ist, daß die Alchemie uns eine ungeheure Fülle von abstrusen, grotesken Symbolen liefert, die genau den Träumen moderner Menschen entsprechen. Drum hat ja Jung von einem berühmten Physiker, Pauli, die Träume publiziert. Und da sieht man, daß lauter alchemistische Motive vorkommen. Der moderne (Mensch), hauptsächlich die modernen Naturwissenschaftler und alle Leute, die heute eine naturwissenschaftliche Weltanschauung haben, die träumen alchemistische Symbole. Und wir können darum die Traumsymbole nicht verstehen, wenn wir nicht die ganze Tradition erforscht haben und die Bedeutung dieser Symbole erforscht haben.

Was zum Beispiel?

Der Hermaphrodit, der Stein, die Bedeutung des Steins, die Bedeutung der Pflanzenmotive. Die christliche Symbolik hat auch diese

Dinge überliefert und gedeutet. Das sieht man an den Kathedralen. Da ist eine ganze, reiche, unbewußte Symbolik dargestellt. Aber sie wird immer auf Christus gedeutet. Der Stein ist Christus. Und das ist eine zu einfache Deutung. Das wird alles immer wieder auf die christliche Tour gedeutet. Während die Alchemisten wirklich versucht haben zu sagen: Was ist ein Stein? Ist ein Stein etwas Totes, ist es etwas Lebendiges? Was ist das für ein göttliches Geheimnis? Für die Alchemisten war die Natur nicht erklärt. Für den christlichen Menschen des Mittelalters war die Natur erklärt. Da wußte man: Die Genesis, in sieben Tagen wurde die Welt geschaffen, alles hatte die und die und die Bedeutung. Es war alles festgelegt. Während die Alchemisten im Dunkeln gesucht haben. Wirklich . . . sie waren in dem Sinn wie die modernen Physiker oder die modernen Forscher: Sie haben ohne Vorurteil – oder mit relativ wenig Vorurteil – im Dunkeln das Geheimnis der Natur gesucht und gesucht, wirklich herauszufinden. Und dadurch haben sie wilde Phantasien entworfen. Wie sich dann die strenge Chemie, im modernen Sinn des Wortes, allmählich im siebzehnten Jahrhundert entwickelt hat, hat man da natürlich alle diese alten Phantasien als Unsinn einfach abgetan. Dann kam die Aufklärung und hat das alles einfach als abstrusen Aberglauben und Unsinn weggeschmissen. Und Jung ist an den Papierkorb der Weltgeschichte gegangen und hat alle diese weggeschmissenen Symbole wieder herausgeholt und hat gezeigt, daß sie psychisch gültig sind. Natürlich sind sie chemisch nicht gültig. Es hat keinen Sinn, von einem Metall zu sagen, es sei ein Hermaphrodit. Aber von einem Hermaphroditen träumen moderne Menschen sehr häufig.

Wie sind Sie Therapeutin geworden?

Ich hab' das ursprünglich nicht beabsichtigt. Ich gab Latein- und Griechischstunden an einem Seminar und in einer Schule. Und daneben hab' ich noch Privatstunden in alten Sprachen gegeben, weil das mein Fach war. Und dann ist einmal eine ältere Dame zu mir gekommen und hat gesagt, sie wolle unbedingt mit mir Analyse machen, und ich war natürlich «tout feu, tout flamme», therapeutisch enthusiastisch und sehr geehrt. So bin ich zu Jung gegangen und hab' gefragt, ob er es beaufsichtigen würde und ob ich sie nehmen sollte. Und er sagte: «Ja, ja, ich kenn' Sie. Sie ist so verrückt, da können Sie nicht viel ruinieren. Sie können's probieren.» Und dann ist das also sehr dramatisch, aber gut abgelaufen, und dann sind langsam mehr und mehr Leute gekommen. Ich hab' das nur so nebenbei gemacht, und dann wurde es eine Lawine, und dann hab' ich die Schularbeit aufgegeben und landete in diesem Beruf.

Und wieviele Träume haben Sie etwa analysiert?

Ja, ich hab' mal ausgerechnet, daß, wenn ich rechne – zwei Träume pro Sitzung und so und so viele Sitzungen im Jahr, so und so viele Leute –, komme ich auf ungefähr sechzigtausend Träume.

Unter allen diesen Träumen, haben sie manchmal die gleichen gefunden? Ich meine, träumen verschiedene Leute das gleiche?

Nein, (bei den) sechzigtausend Träumen gibt's keine gleichen Träume. Sechzigtausend verschiedene Träume. Es gibt ähnliche Motive. Darauf gründet Jung seine Archetypenlehre, daß es gewisse Grundstrukturen gibt, die immer wiederkehren. Aber im Detail identisch ist *nie* ein Traum. Von niemandem ist der Traum identisch. Aber man kann gewisse allgemeine Motive (feststellen), zum Beispiel das Liebesthema oder das Thema, verfolgt zu werden im Traum, oder das Thema, zu suchen, etwas zu suchen im Traum oder so – gewisse Grundstrukturen kehren immer wieder. Das ist eben das Wichtige,

diese Grundstrukturen sind, was Jung die archetypischen Strukturen der Psyche nennt, und die sind eben so wichtig: dort kommt man an die kollektive Schicht im Menschen, und die bleibt auch bei einem geisteskranken Menschen gesund. Die kollektive Schicht ist gewissermaßen die allgemein-menschliche Instinktschicht. Und wenn man die Leute mit der wieder verbinden kann, dann erholen sie sich. Dann sind sie auch wieder an die Menschheit angeschlossen, dann sind sie auch wieder sozial angeschlossen, und darum ist diese Strukturen zu kennen so wichtig. Drum hab' ich dann daneben noch Märchen und Alchemie studiert. Das hat mir sehr geholfen, um die Träume zu verstehen. Aber die Kunst des Träumedeutens ist zweierlei: Man muß die archetypischen Strukturen erkennen und verstehen, und dann ist es noch eine ganze Kunst: «Wie sagt man es dem andern?» So daß der andere es wirklich versteht oder daß es nicht nur im Intellekt steckenbleibt, sondern daß die Leute beeindruckt sind, daß sie gewissermaßen auch gefühlsmäßig und affektiv mit ihrer eigenen Tiefe wieder verbunden werden.

Eine Funktion der Träume scheint zu sein, die Leute auf eine zukünftige Phase in ihrem Leben vorzubereiten. Und im Leben gibt es immer wieder so Schwellen, also sagen wir zum Beispiel: Die Pubertät ist so eine bekannte Krisenschwelle, dann der Schritt in die Ehe ist zum Beispiel so eine ... die Lebensmitte, die berühmte Lebensmittekrise, das Klimakterium der Frau. Das sind so Übergänge, wo eine Neuanpassung ans Leben und eine Einstellungsänderung gefordert ist. Und das wird von den Träumen vorbereitet. Und das Interessante ist, daß auch beim Tod die Träume eine Anpassung vorbereiten an das Ende, das aber kein Ende ist. Ich habe nun mindestens ungefähr fünfzig Träume von moribunden Leuten gesammelt, und *keiner* spricht davon, daß es zu Ende geht, sondern (es ist) immer eine große Veränderung, also eine Reise, eine Verwandlung, ein Umzug. Das ist das häufigste: die große Heirat, die große Vollendung.

Und wie träumen sie vom Leben nach dem Tod?

Ja, natürlich nur in symbolischen Formen. Die Menschen träumen vom Leben nach dem Tode sehr ähnlich, was auch die Religionen lehren: Entweder man kommt in einen Lustgarten, oder man ruht in ewiger Umarmung mit dem Menschen, den man liebt. Oder dann auch negativ: Qualvolle Wanderungen über Eis und Schnee oder vulkanisches Gestein und so weiter. Je nachdem, 's hat gute und schlechte Träume. Das postmortale Schicksal ist nicht nur schön, offenbar.

Die Jungsche Therapie ist für mich so schön, weil sie keine Einmischung – *jede* Therapie ist so eine Einmischung. Aber sie ist die Minimaleinmischung. Wir haben keine Theorie. Wir denken nicht, der Mensch sollte – wir denken nicht einmal, der Mensch sollte normal werden. Wenn er lieber neurotisch bleiben will, hat er das Recht... Jung hat mir einmal gesagt: «Jeder Mensch hat das Recht zu seiner Neurose. Wenn er lieber neurotisch bleiben will, hat er auch noch das Recht dazu. Wir sind in einer Demokratie. Fertig!» *Nur was die Träume wollen.* Wir sagen also den Leuten nur: «Ihr *Traum,* Ihr *eigener Traum,* den *Sie selber,* (den) Ihre *eigene Seele* produziert hat, der sagt Ihnen, daß Sie faul sind oder daß Sie das und das tun sollten oder so.» Mehr nicht. So daß wir eigentlich die Leute nur versuchen zu erziehen, auf ihr eigenes Inneres zu hören. Und mehr tun wir nicht. Die Idee von Jung ist ja die Individuation, das Sich-selber-Sein und das Sich-selber-Werden. Man sagt jetzt immer das billige Wort Selbstverwirklichung, meint aber damit *Ich*-Verwirklichung. Während Jung etwas ganz anderes meint. Man meint, die eigene Tiefe, die eigene Schicksalsanlage verwirklichen. Das paßt dem Ich manchmal überhaupt nicht. Aber es ist, was man fühlt, man zuinnerst eigentlich sein sollte oder sein müßte. Der Mensch ist neurotisch, wenn er nicht so ist, wie er von Gott gemeint ist, daß er sein sollte. Das ist Individuation, im Grund. Und darum machen uns die Leute oft Vorwürfe. Wenn einer eine Analyse macht, benimmt er sich nachher scheinbar verdrückter oder weniger angepaßt. Aber er ist sich selber. Er lebt sein eigenes Schicksal. Und dann ist er auch meistens humaner, weniger kriminell, weniger destruktiv in der Umgebung.

Sie haben mehr als zwanzig Bücher auf deutsch und englisch geschrieben. Welches sind die Hauptthemen?

Die Hauptthemen: Angefangen hat es mit der Alchemie. So wie ich Jung begegnet bin, hat er das Gefühl gehabt, ich bin der Mitarbeiter für die alchemistischen Texte wegen meiner Sprachkenntnisse. Und so hat er mir einen alten Text, betitelt ‹Aurora Consurgens›, zu entziffern gegeben. Ich mußte zuerst Paleographie lernen, um ihn überhaupt zu entziffern. Es war mittelalterliche Schrift, die man nicht gewöhnlich lesen kann. Und dann habe ich ihm eine Entzifferung (vorgelegt) und alle Bibelzitate nachgeschaut und Fußnoten gemacht und hab' ihm eine gelehrte Ausgabe davon gemacht. Und eines Tags hat er gesagt: «Das ist doch schade, daß das bei mir in der Schublade liegt. Jetzt schreiben Sie noch einen Kommentar!» Und das ist ein Buch, an dem ich fünfzehn Jahre geschrieben habe. Und das ist eines

meiner Hauptwerke, die ‹Aurora Consurgens›. Das ist ein Text – ich vermute aus dem Ende des dreizehnten Jahrhunderts und zugeschrieben dem Thomas von Aquin, was natürlich nie ernst genommen worden ist. Und er ist eben interessant vom psychologischen Standpunkt: er ist sehr wenig chemisch. Man merkt, daß dieser Alchemist ein Mystiker war und daß er eigentlich ein inneres mystisches Erlebnis zu beschreiben versucht und nicht irgend eine chemische Operation. Und darum hat er seinen Text mit Bibelzitaten gespickt. Es ist offensichtlich ein Kleriker, wahrscheinlich ein Dominikaner, der es geschrieben hat. Und ich persönlich denke, es könnte Thomas von Aquins letztes Werk gewesen sein. Aber das kann man nicht eindeutig beweisen.

Und fast gleichzeitig hat dann noch meine Beschäftigung mit Märchen angefangen. Das ist auch von außen an mich herangekommen. Eine Dame wollte ein Buch über Märchen schreiben und konnte es dann selber nicht schreiben. Und dann hat sie mich engagiert, das Buch für sie zu schreiben. Und das ist dann ein großes Werk geworden von über tausend Seiten, Interpretation von Märchen im Jungschen Sinn. Und daran hab' ich neun Jahre gearbeitet. Und dadurch hab' ich mich dann für die Märchen begeistert. Und mir hat man in meiner Jugend nie Märchen erzählt, und ich kannte keine Märchen, außer die von Andersen und die hatte ich nicht gern, weil die so traurig sind. Die haben mich viel zu traurig gemacht. Und so hab' ich eigentlich die Volksmärchen erst zwischen zwanzig und dreißig entdeckt. Und dann hab' ich mich so begeistert, daß ich von dann an immer darüber Vorlesungen gehalten hab', und dadurch sind dann viele dieser Vorlesungen auf Tonband aufgenommen worden und publiziert worden, und dadurch bin ich jetzt eigentlich bekannt, hauptsächlich durch meine Märchenkommentare. Und Jung hat mich auch sehr unterstützt, weil es natürlich eine herrliche Darstellung der Archetypentheorie gibt. Dort sieht man wirklich, wie die Archetypen operieren. Jung hat einmal gesagt: «Die Märchen geben uns eine vergleichende Anatomie der Kollektivpsyche.» Wir haben dort alle Typen beieinander und (sehen), wie sie funktionieren. Und das ist gewissermaßen das, was am *allgemeinst* menschlich ist, die Märchen, weil sie eben von einer einfachen Volksschicht getragen worden sind, und dadurch haben sie sehr wenig Bewußtseinszutaten. Sie sind einfach echtes, unbewußtes Material.

Gibt es eine Verbindung zwischen Alchemie und dem, was Sie in ‹Zahl und Zeit› geschrieben haben?

Ja, die Alchemisten haben nach unserer modernen Ansicht sehr viel von dem, was wir heute das Unbewußte nennen, in die Materie projiziert, und die ganze Entwicklung war dann vom siebzehnten Jahrhundert aus, die Materie mehr und mehr sachlich, wirklich für sich, wie sie sich benimmt und ist, zu studieren und diese ganzen psychologischen Projektionen abzulösen. Aber, was *nicht* gelöst worden ist bis heute, ist dieses Verhältnis von Psyche und Materie, heute als modernes Modethema: mind and matter, mind over matter, mind under matter, und das ganze Problem: Wie verhält sich das psychische Innenleben des Menschen, inklusive sein Bewußtsein, aber auch sein Unbewußtes zur Materie, zu den physiologischen Körpervorgängen und schließlich überhaupt zu den atomaren und subatomaren Vorgängen. Und das ist jetzt eigentlich das große, spannende und vieldiskutierte Thema, und man kann sagen: das ist die moderne Alchemie. Und Jung hat zunächst einmal dieses Thema beiseitegeschoben. Er hat gesagt: «Ich konzentriere mich nur einfach auf das von Innen – da die psychischen Vorgänge zu beobachten – und lasse die Frage, wie es sich zur Materie und zu den Hirnvorgängen verhält, einfach offen, entscheide nicht.» Aber gegen Ende seines Lebens ist er dann doch mehr und mehr frappiert worden durch die Tatsache, daß die Atomphysik und was er über das kollektive Unbewußte herausgefunden hat, furchtbar ähnliche Begriffsverschiebungen bewirkt und ähnliche Resultate bringt, so daß man einfach nicht die Augen verschließen kann. Es sieht gewissermaßen aus, wie wenn: der Psychologe bohrt durch die Psyche und kommt an einen tiefsten Punkt, da berührt er die Materie. Und der Physiker bohrt durch die Materie und kommt auf den tiefsten Punkt, auf seinen eigenen Geist. Und dort, da ist der Treffpunkt dieser Wissenschaften. Da ist der Tunneldurchstoß. Gewissermaßen wie in einem Tunnel gräbt man von beiden Seiten, und jetzt stehen wir an der spannenden Schwelle des Tunneldurchstoßes. Und einer der Begriffe, die Jung noch als Pionier geschaffen hat, ist die Idee des Psychoiden, daß nämlich die Archetypen auch zum Teil materielle Vorgänge arrangieren können. Und dort muß natürlich die Forschung heute einsetzen, dort ist noch unendlich viel zu tun. Und das hängt zusammen: Das Psychoide, die Auffassung, daß die Archetypen auch sich in der Materie manifestieren, das anzunehmen ist er durch die Synchronizitätsphänomene gezwungen worden. Diese merkwürdige Tatsache, daß wenn das Unbewußte eines Menschen stark erregt ist und dadurch die archetypische Schicht erregt ist – die Physiker würden sagen: «is in a excited state» –, dann treten sehr oft synchronistische Ereignisse ein. Das heißt, dann passieren in der Außenwelt ‹Wunder›, die *sinngemäß* mit dem inneren Vorgang übereinstimmen. Das einfachste Phänomen ist zum Beispiel (das), daß man innerlich eine Vision hat oder einen Traum hat, und am nächsten Tag *spielt* die Außenwelt den Traum oder die Vision – führt sie auch noch aus. Oder führt etwas auf, was mit dieser Vision sinngemäß übereinstimmt, zwar nicht dasselbe ist, aber sinngemäß übereinstimmt.

Kommt da die Divination her?

Natürlich sieht man rückblickend, daß das die Begründung der Divination war, warum die alten Römer den Vogelflug beobachtet haben, um daraus die politische oder militärische Situation abzulesen. Die Chinesen, die Azteken, alle – daß man immer meinte, gewisse Vorgänge in der Außenwelt verkünden auch einen psychischen Tatbestand. Die Idee ist nicht absolut neu, denn auch Leibniz und Schopenhauer haben an eine Koinzidenz von Innen und Außen (gedacht) – beobachtet wurden die Phänomene schon immer – und haben darauf ein System aufgebaut. Nur haben Leibniz und Schopenhauer angenommen, daß es regelmäßige Phänomene sind. Und damit kommt man wieder in die Nähe einer wissenschaftlichen, kausalen Erklärung, und das kann man aber nicht. Sie sind nicht regelmäßig. Man kann nicht voraussagen: Wenn ich von einem Uhu geträumt habe, wird morgen ein Uhu zum Fenster herein in mein Zimmer fliegen. Wenn einer hereinfliegt, dann ist es eine Synchronizität, aber er wird es nicht sicher tun. Und diese Auffassung der Synchronizität, die einfach die Tatsache ist, die ist furchtbar irritierend, weil: wissenschaftlich ist, was man voraussagen kann. Und Synchronizitäten kann man nur divinatorisch voraussagen, aber nicht kausal, also in streng wissenschaftlichem Sinn, voraussagen.

Und ist das jetzt Ihre Hauptarbeit?

Nein, meine Arbeiten gehen sehr komisch. Die Märchen, die Alchemie und die moderne Alchemie, das heißt die Beziehung zur Atomphysik und zum Zeitproblem, das geht bei mir wie ein Zöpfchenmuster. Sie verschwinden, die Linien, und kommen wieder herauf, wie ein Zopf. Und darum gehe ich immer wieder von einem zum anderen. Wie diese drei Gebiete zusammenhängen – ich glaub', ich könnte schon theoretisch sagen, wie sie zusammenhängen, aber sie sind drei lebendige Ströme, die immer wieder abwechselnd heraufkommen. Ich habe jetzt ein Buch fertig geschrieben über Träume von Sterbenden. Und es sieht so aus, aber ich bin noch nicht sicher – ich muß noch meine eigenen Träume beobachten –, aber meinen Träumen nach: Ich hab' mir gedacht, ich würde gern ein Buch schreiben über die Beziehungen des Unbewußten des Menschen zur Landschaft. Da kämen natürlich die Synchronizität und diese ganze Problematik wieder herein, also gewissermaßen die ‹*Geographie der Seele*›. Aber ich weiß noch nicht, ich muß warten, ob mein Unbewußtes einverstanden ist. Ich bin momentan begeistert, so etwas zu machen, aber ich warte noch darauf, ob die Geister auch zufrieden sind.

Führen die Träume Sie also zur Kreativität?

Ja, die Träume *sind* hinter der Kreativität. Und wenn man mit den Träumen geht, dann macht man weniger Irrwege. Das Kreative kommt aus dem Unbewußten und aus demselben Stoff, aus dem die Träume kommen. Und die Träume inspirieren, und es gibt ja genug Dokumente, daß Dichter ganze Szenen geträumt haben, die sie später geschrieben haben. Zum Beispiel ‹Jekyll und Hyde›, die berühmte Geschichte – den ganzen ersten Teil dieser Novelle hat Stevenson geträumt. Und ich merke immer, daß wenn ich schreibe und wenn ich kreativ bin, dann hab' ich *viele* Träume. Das Unbewußte interessiert sich leidenschaftlich. Und wenn ich irgend etwas falsch schreibe oder vom Thema abkomme oder nicht so schreibe, dann hab' ich sofort negative Träume. Ich glaube, (daß) – ob bewußt oder unbewußt – jeder kreative Mensch mit seinem Unbewußten kreativ ist.

Gibt es gewisse Beziehungen zwischen der Alchemie und den heutigen Frauenbewegungen?

O ja, das hängt direkt zusammen. Das Christentum war zu geistbetont und patriarchalisch, und die Alchemie hat immer die Gegentradition aufrecht gehalten. Schon ihr Interesse für die ‹mater natura›, die Mutter Natur ... Die Alchemie hat Göttinnen gehabt. Nämlich eben die Mutter Natur oder die ‹mater Alchemia›, wie sie sie nannten. Die Materie ist eine Göttin. Und damit hängt auch die Deklaration des Papstes zusammen, daß die Maria *mit ihrem Körper* in den Himmel aufgestiegen ist. Das ist eine Erhöhung der Materie, der Körpermaterie und des weiblichen Prinzipes. Das sind alles säkulare Bewegungen, archetypische Bewegungen im kollektiven Unbewußten. Wir sind in einem Zeitalter, wo es vom Patriarchat ins Matriarchat, vom geistbetonten zum mehr körperbetonten, materiell betonten Leben geht. Und dieser Ausgleich muß gefunden werden. Die Gefahr ist natürlich, daß es einfach in das Gegenteil umkippt. Und dann ist es wieder einseitig. Darum hat Jung so viel über das ‹Mysterium coniunctionis›, die Verbindung des männlichen und des weiblichen Prinzipes, einen Ausgleich oder eine Verbindung, geschrieben. Daß die Frauen sich plötzlich bewegt fühlen, unabhängiger und autonomer zu werden und so weiter, das kommt nicht von nichts. Sie hätten's ja schon vor zweitausend Jahren mit viel besseren Gründen tun können. Sie hätten mehr Grund gehabt zu revoltieren, und sie tun's aber erst heute. Das ist, weil jetzt der Archetyp des Weiblichen, der Archetyp der Göttin, konstelliert ist im kollektiven Unbewußten. Und darum flackern überall diese verschiedenen Bewegungen auf, die alle auf eine Wiederanerkennung der Materie, der Natur, des Irrationalen, des Eros, der Sexualität, der Wichtigkeit des physischen Lebens und so weiter (hintendieren). Das hängt alles zusammen. Und damit auch auf die Persönlichkeit der Frau und ihrer Werte, also die Werte des Eros, der Gefühlsbeziehung.

Welche Botschaft möchten Sie durch Ihre Tätigkeit vermitteln?

Das ist schwer in so kurze Worte zu fassen. Aber ich würde sagen: Ich habe, wie wir alle, den Eindruck, daß unsere Kultur und Zivilisation in eine Endphase und in eine Verfallphase getreten ist. Und ich glaube, daß wir entweder eine Erneuerung davon finden, oder dann ist es das Ende. Und diese Erneuerung sehe ich *nur* in dem, was Jung entdeckt hat, nämlich einem positiven Kontakt mit dem kreativen Urgrund des Unbewußten und mit den Träumen. Das sind unsere Wurzeln. Ein Baum kann sich nur aus seinen Wurzeln wieder erneuern. Und darum ist meine Botschaft eigentlich, alle aufzurufen, sich wieder diesen inneren, seelischen Wurzeln zuzuwenden, weil dort die einzigen konstruktiven Vorschläge zu finden wären, wie unser enormes Dilemma – die Atombombe, die Übervölkerung – alle diese Fragen, die unlösbaren Fragen, am ehesten gelöst werden könnten.

Und daneben ist es auch so: Die größte Gefahr unserer heutigen Zivilisation ist die Vermassung und die Nivellierung und die Unterdrückung des Individuums. Und dann wird das Individuum bösartig. Der Terrorismus und so, das sind Reaktionen des Individuums. Und nur durch eine Wiederanerkennung des Individuums kommen wir weiter.

Kamera:	Pio Corradi, Felix Singer
Schnitt:	Daniela Roderer
Interviews:	Diana de Rham
Regie:	Françoise Selhofer

Der Film entstand im Auftrag der Stiftung für Jung'sche Psychologie, Zürich 1982. – Um so nahe wie möglich am Original zu bleiben, haben wir den gesprochenen Text für den Druck sehr zurückhaltend redigiert. – Vergleiche auch «Filme von und über Marie-Louise von Franz», unten Seite 46.

Alison Kappes

Bibliographie von Marie-Louise von Franz

Kursiv sind alle jene Titel gedruckt, die bereits zu einem früheren Zeitpunkt in englischer oder deutscher Sprache publiziert worden sind; die Erstveröffentlichung ist im entsprechenden Jahr aufzufinden. Die wichtigsten Übersetzungen ins Französische und Italienische sind ebenfalls in dieses Verzeichnis aufgenommen worden, nicht aber solche in andere Sprachen.

1943

Die aesthetischen Anschauungen der Iliasscholien (im Codex Venetus und Townleianus). Abhandlung zur Erlangung der Doktorwürde der Philosophischen Fakultät I der Universität Zürich, Dietikon.

1949

The 'Passio Perpetuae'. Spring Publications, New York, 85–127. (2nd Ed: Irving, Texas, 1980.)

1951

Archetypal Patterns in Fairytales. Zurich (Mimeograph [80 p.] / C.G. Jung Institute).

Die Passio Perpetuae. Versuch einer psychologischen Deutung. In: CARL GUSTAV JUNG: *Aion. Untersuchungen zur Symbolgeschichte. Zürich, 387–496. (2. Aufl.: 1982.)*

1952

HEDWIG VON BEIT: Symbolik des Märchens Bd. I. Versuch einer Deutung. Bern. (2., verbesserte Aufl. 1960). – Hedwig von Beit hat das Werk fälschlich unter ihrem Namen herausgegeben; sie legte seine Grundlagen und übernahm die endgültige Ausarbeitung und Formulierung, während die Hauptarbeit – die psychologische Interpretation – von Marie-Louise von Franz geleistet wurde.

Der Traum des Descartes. In: Zeitlose Dokumente der Seele. Studien aus dem C.G.Jung-Institut Zürich, Vol. III, Zürich/Stuttgart, 49–119.

1954

The Dream of Socrates. Spring Publications, New York, 16–38.

1955

Saint Exupéry's 'Little Prince'. Harvest 2, London, 74–102.

Bei der schwarzen Frau. Deutungsversuch eines Märchens. In: Studien zur analytischen Psychologie C.G. Jungs, Bd. II, Zürich, 1–41. (Publ. in: W. LAIBLIN [Hrsg.]: Märchenforschung und Tiefenpsychologie. Darmstadt, 1969.)

1956

The Psychological Meaning of Redemption Motifs in Fairytales. Zurich (Mimeograph [76 p.] / C.G.Jung Institute).

1957

HEDWIG VON BEIT: Gegensatz und Erneuerung im Märchen. Bd. 2 der ‹Symbolik des Märchens›. Bern. (2., verbesserte Aufl. 1963.) – Vgl. Bd. I.

Aurora Consurgens. Ein dem Thomas von Aquin zugeschriebenes Dokument der alchemistischen Gegensatzproblematik. In: CARL GUSTAV JUNG: Mysterium Coniunctionis. Vol. III, Zürich/Stuttgart. (2. Ausg. in: GW Bd. 14/III, Olten, 1971.)

The Problem of the Shadow in Fairytales. Zurich (Mimeograph [86 p.] / C.G.Jung Institute).

1958

Die aktive Imagination in der Psychologie C.G. Jungs. In: WILHELM BITTER (Hrsg.): Meditation in Religion und Psychotherapie. Stuttgart, 136–148.

Psychological Interpretation of 'The Golden Ass' of Apuleius. Zurich (Mimeograph [220 p.] / C.G.Jung Institute).

Problems of Feminine Psychology in Fairytales. Zurich (Mimeograph [175 p.] / C.G. Jung Institute).

1959

Die Visionen des Niklaus von Flüe. Studien aus dem C.G. Jung-Institut Zürich, Bd. IX, Zürich/Stuttgart. (2. Ausg. Zürich, 1980; 3. Aufl. 1983.)

The Problem of the Puer Aeternus. Zurich (Mimeograph [237 p.] / C.G. Jung Institute).

1960

Die Graalslegende in psychologischer Sicht. Von EMMA JUNG und MARIE-LOUISE VON FRANZ. Studien aus dem C.G. Jung-Institut Zürich, Bd. XII, Zürich. (2. Ausg.: Olten, 1983.) – Marie-Louise von Franz vollendete das von Emma Jung begonnene Werk.

Die alchemistische Makrokosmos-Mikrokosmos-Idee im Lichte der Jungschen Psychologie. Symbolon, Jahrbuch für Symbolforschung, Bd. I, Basel/Stuttgart, 27–38.

Dreams of Themistocles and Hannibal. Guild of Pastoral Psychology, Lecture 111, London, 5–23.

Die Symbolik von Herz und Blut Christi. Stuttgarter Gemeinschaft Arzt und Seelsorger, 11. Jahrgang, 2, Stuttgart, 2–8.

The Grail Legend. By EMMA JUNG *and* MARIE-LOUISE VON FRANZ. *London. (2nd Ed.: New York, 1970; 3rd Ed.: Boston, 1986.)*

1961

Das Problem des Bösen im Märchen. In: Das Böse. Studien aus dem C.G. Jung-Institut Zürich, Bd. XIII, Zürich, 91–126.

The Inferior Function. Zurich (Mimeograph [86 p.] / C.G. Jung Institute).

Symbolism of Creation Myths. Zurich (Mimeograph [225 p.] / C.G. Jung Institute).

1962

Kommentar zu: BRUNO GOETZ, Das Reich ohne Raum. Eine Chronik wunderlicher Begebenheiten. Zürich.

1963

Die Bibliothek C.G. Jungs in Küsnacht. ‹Librarium›, Zeitschrift der Schweizerischen Bibliophilen Gesellschaft, II, 6. Jahrgang, Zürich, 95–104.

An Introduction to the Psychology of Fairytales. Zurich (Mimeograph [95 p.] / C.G. Jung Institute).

The Individuation Process in Fairytales. Zurich (Mimeograph [193 p.] / C.G. Jung Institute).

1964

Peter Birkhäuser: A Modern Artist who Strikes a New Path. Spring Publications, New York, 33–46.

The Process of Individuation. In: CARL GUSTAV JUNG (Ed.): Man and His Symbols. London, 158–229.

Science and the Unconscious. In: CARL GUSTAV JUNG (Ed.): Man and His Symbols. London, 304–310.

Religiöse oder magische Einstellung zum Unbewußten. In: Psychotherapeutische Probleme. Studien aus dem C.G. Jung-Institut Zürich, Bd. XVII, Zürich, 39–67.

Dealing with Evil in Fairytales. Zurich (Mimeograph [131 p.] / C.G. Jung Institute).

Über religiöse Hintergründe des Puer-Aeternus-Problems. In: ADOLF GUGGENBÜHL-CRAIG [Hrsg.]: Der Archetyp / The Archetype. Verhandlungen des 2. Internationalen Kongresses für Analytische Psychologie, Zürich 1962. Basel / New York, 141–156.

Le processus d'individuation (158–229). – La science et l'inconscient (304–310). Dans: C.G. JUNG *(Ed.): L'homme et ses symboles. Paris. 2e éd.: 1978.)*

1965

Bergbauernkultur. In: Forum alpinum und Neue Schweizer Bibliothek NSB, Zürich, 388–395.

The Idea of the Macrocosmos and the Microcosmos in the Light of Jungian Psychology. Ambix, Journal of the Society for the Study of Alchemy and Early Chemistry, Vol. XIII, I, London, 22–34.

1966

Time and Synchronicity in Analytical Psychology. In: J. T. FRASER: Voices of Time. New York. (2nd Ed.: Amherst, 1981.)

Aurora Consurgens. A document attributed to Thomas Aquinas on the problem of opposites in alchemy. New York.

1967

The Problem of Evil in Fairytales. In: Evil. Edited by the Curatorium of the C.G. Jung Institute Zurich, Evanston, 83–119.

1968

Symbole des Unus Mundus. In: Dialog über den Menschen. Eine Festschrift für WILHELM BITTER zum 75. Geburtstag. Stuttgart, 231–352.

Der Individuationsprozeß. In: CARL GUSTAV JUNG *(Hrsg.): Der Mensch und seine Symbole. Olten, 158–229.*

Das Unbewußte und die Wissenschaften. In: CARL GUSTAV JUNG *(Hrsg.): Der Mensch und seine Symbole. Olten, 304–310.*

The Dream of Descartes. In: Timeless Documents of the Soul. Evanston, 55–147.

Symbols of the Unus Mundus. In: J. B. WHEELWRIGHT *(Ed.): The Reality of the Psyche. The Proceedings of the Third International Congress for Analytical Psychology. New York, 194–207.*

1969

C.G. Jung und unsere Zeit-Situation. Zürich (Mimeograph [14 S.] / C.G. Jung-Institut).

On Divination. Zurich (Mimeograph [103 p.] / C.G. Jung Institute).

Psychological Interpretation of an Alchemical Text. (Mimeograph [104 p.] / C.G. Jung Institute).

C.G. Jung and the Problems of Our Time. Quadrant, Journal of the C.G. Jung Foundation for Analytical Psychology, Inc., 5, New York, 5–11. (Publ. in: OLIVE MASON *and* MURIEL STANLEY *(Eds.): Quest. Perth, 1975.)*

1970

Zahl und Zeit. Psychologische Überlegungen zu einer Annäherung von Tiefenpsychologie und Physik. Stuttgart. (2. Ausg.: Frankfurt, 1980.)

Der kosmische Mensch als Ziel des Individuationsprozesses und der Menschheitsentwicklung. In: WILHELM BITTER [Hrsg.]: Evolution: Fortschrittsglaube und Heilserwartung. Ein Tagungsbericht. Stuttgart, 94–114. (Auszug aus diesem Referat in: Zeitschrift für Analytische Psychologie und ihre Grenzgebiete, 1, Berlin 1969, 39–44.)

The Problem of the Puer Aeternus. New York. (2nd Ed.: Santa Monica, 1981.)

An Introduction of the Interpretation of Fairy Tales. New York.

A Psychological Interpretation of the Golden Ass of Apuleius. New York. (2nd Ed.: Texas, 1980.)

Die Bremer Stadtmusikanten in tiefenpsychologischer Sicht. Zeitschrift für Analytische Psychologie und ihre Grenzgebiete, 3, Berlin, 4–22.

The Library of C.G.Jung. Spring, New York.

1971

The Inferior Function. In: MARIE-LOUISE VON FRANZ/JAMES HILLMANN: Lectures on Jung's Typology. Zurich, 1–72. (2nd Ed.: 1975.)

Die Selbsterfahrung bei C.G.Jung. In: C.G.Jung und die Theologen. Selbsterfahrung und Gotteserfahrung bei C.G.Jung. Projekte 49, Stuttgart, 25–45.

Die Sinnfindung im Individuationsprozeß. Zeitschrift für Analytische Psychologie und ihre Grenzgebiete, 3, Berlin, 41–59.

Zur Psychologie der Gruppe. Gruppenprobleme in Jungscher Sicht. ‹Zeitwende›, Kultur, Theologie, Politik, 42. Jahrgang, 1, Kassel, 230–246.

1972

Creation Myths. Zurich/New York.

C.G.Jung. Sein Mythos in unserer Zeit. Frauenfeld und Stuttgart.

Problems of the Feminine in Fairytales. New York.

Die aktive Imagination bei C.G.Jung. In: WILHELM BITTER (Hrsg.): Praxis dynamischer Gruppenarbeit. Stuttgart, 25–39.

Traum und Tod. Reformatio, Zeitschrift für evangelische Kultur und Politik, 21. Jahrgang, 4, Schaffhausen, 14–18.

Wie C.G.Jung mit seinen Träumen lebte. In: H.J. SCHULTZ (Hrsg.): Was weiß man von den Träumen? Stuttgart, 69–80.

1973

Interpretation of Fairy Tales. New York.

The Unknown Visitor in Fairytales and Modern Dreams. In: Enciclopedia Italiana. Istituto della enciclopedia Italiana, Roma, 281–298.

Über einige Aspekte der Übertragung. Zeitschrift für Analytische Psychologie und ihre Grenzgebiete, 4, Berlin, 157–168. (Publ. in: H. DIECKMANN [Hrsg.]: Übertragung und Gegenübertragung. Hildesheim, 1980.)

Die verborgene Quelle der Selbsterkenntnis. Schleswig-Holsteinisches Ärzteblatt, 10, Bad Segeberg, 510–518.

On Group Psychology. Quadrant, Journal of the C.G.Jung Foundation for Analytical Psychology, Inc., 13, New York, 4–11.

1974

Shadow and Evil in Fairytales. Zurich/New York.

Die Drogen in der Sicht C.G.Jungs. In: IRMGARD BUCK: Trug der Drogen. Hamburg, 103–109.

Materie und Psyche in der Sicht der Psychologie C.G.Jungs. (Ein nicht gedrucktes Manuskript.) Tagung der Evangelischen Akademie, Protokoll 7/74, Bad Herrenalb.

Number and Time. Reflections leading towards a unification of depth psychology and physics. London and Evanston (Ill.).

1975

Psyche and Matter in Alchemy and Modern Science. Quadrant, Journal of the C.G.Jung Foundation for Analytical Psychology, Inc., 8, New York, 33–49.

Logos und Eros in der Kunst. 50 Jahre Sektion Zürich – Gesellschaft schweizerischer Malerinnen, Bildhauerinnen und Kunstgewerblerinnen, 1925–1975, 10–12.

Die Selbstbehauptung von Mann und Frau: eine allgemeinmenschliche Problematik, durch alte Märchentexte illustriert. Schleswig-Holsteinisches Ärzteblatt, 10, Bad Segeberg, 499–504.

Individuation and Social Contact in Jungian Psychology. Harvest, 21, London, 12–27.

Der unbekannte Besucher in Märchen und Träumen. Zeitschrift für Analytische Psychologie und ihre Grenzgebiete, 6, Basel, 437–449.

C.G. Jung: His myth in our time. New York.

C.G. Jung. Son mythe en notre temps. Paris. (2e éd.: 1989.)

1976

Psyché et matière dans l'alchimie et la science moderne. Cahiers de psychologie jungienne, no 9, Avril. (2e éd. dans: M. CAZENAVE *(Ed.): Carl Gustav Jung. Paris 1984, 321–334.)*

1977

Individuation in Fairytales. Zurich/New York.

SIBYLLE BIRKHÄUSER-OERI: Die Mutter im Märchen. Deutung der Problematik des Mütterlichen und des Mutterkomplexes am Beispiel bekannter Märchen. Redigiert und herausgegeben von MARIE-LOUISE VON FRANZ. Stuttgart.

Selbstverwirklichung in der Einzeltherapie von C.G. Jung. ‹Praxis der Psychotherapie›, Bd. XXII, 193–200.

Die kranke Geschichte: Die Bedeutung der Geschichte für die Selbstverwirklichung des Einzelnen. Vortrag in der Katholischen Hochschulgemeinde Graz, 21.11.77, Universität Graz.

Das Weibliche im Märchen. Stuttgart. (2. Ausg.: München, 1987.)

Psyche und Materie in Alchemie und moderner Wissenschaft. In: Der unwahrscheinliche Jung. Beiträge zum 100. Geburtstag von C.G. Jung. Zürich, 42–68.

La découverte du sens dans le processus d'individuation. – La psychologie de groupe et la voie de C.G.Jung. – Symboles de l'unus mundus. – L'homme cosmique, image du but de l'individuation et de l'évolution humaine. Exemplaire hors commerce de la revue Présence. Genève. (2e éd.: dans: ETIENNE PERROT *et* FRANCINE SAINT RENE TAILLANDIER *(Ed.): C.G.Jung et la voie des profondeurs. Paris 1980.)*

1978

Spiegelungen der Seele. Projektion und innere Sammlung in der Psychologie C.G.Jungs. Stuttgart. (2. Ausg.: München, 1988.)

Time. Rhythm and repose. London.

Bemerkungen zur ‹Aktiven Imagination›. Zeitschrift für Analytische Psychologie und ihre Grenzgebiete, 9, Basel, 161–171.

L'Interprétation des contes de fées. Paris. (3e éd.: 1987.)

La voie de l'individuation dans les contes de fées. Paris. (2e éd.: 1985.)

La fleuve et la roue. Paris.

L'Ane d'or, Interprétation d'un conte. Paris. (2e éd.: 1981.)

Nombre et Temps. Psychologie des profondeurs et physique moderne. Paris. (2e éd.: 1983.)

Il mito di Jung. Torino.

1979

Alchemical Active Imagination. Irving, Texas.

Das Synchronizitätsprinzip C.G.Jungs. In: Die Psychologie des 20. Jahrhunderts, Bd. XV, Zürich, 634–650.

C.G.Jungs Auffassung von Alter und Tod und ihre Bedeutung für die analytische Therapie alter Menschen. In: H.PETZOLD und E.BUBOLZ: Psychotherapie mit alten Menschen. Paderborn, 131–143.

Beruf und Berufung. In: URSULA ESCHENBACH (Hrsg.): Therapeutische Konzepte der Analytischen Psychologie C.G.Jungs. 1. Halbband, Stuttgart, 14–32.

Archetypes Surrounding Death. Quadrant, Journal of the C.G.Jung Foundation for Analytical Psychology, Inc., 12, New York, 5–23.

La Femme dans les contes de fées. Paris. (2e éd.: 1984.)

1980

Alchemy: An introduction to the symbolism and the psychology. Toronto.

On Divination and Synchronicity: The psychology of meaningful chance. Toronto.

Redemption Motifs in Fairytales. Toronto.

Licht aus dem Dunkel: Die Malerei von PETER BIRKHÄUSER. Bildtexte von MARIE-LOUISE VON FRANZ./Light from the Darkness: The paintings of PETER BIRKHÄUSER. Commentaries to plates by MARIE-LOUISE VON FRANZ. Basel/Boston/Stuttgart.

Archetypische Erfahrungen in der Nähe des Todes. In: Im Umkreis des Todes. Zusammen mit L. FREY-ROHN und A. JAFFÉ. Zürich, 97–135.

Antichrist or Merlin? A problem inherited from the Middle Ages. Book Forum, Vol. 5, 2, Rhinecliff, New York, 234–243.

Analytical Psychology and Literary Criticism. New Library History, Vol. XII, 1, Charlottesville, 119–126.

Über Projektion. Schleswig-Holsteinisches Ärzteblatt, 10, Bad Segeberg, 507–510.

On Active Imagination. In: BAKER, I. F. (Ed.): Methods of Treatment in Analytical Psychology. Fellbach.

Die Erlösung des Weiblichen im Manne. Der Goldene Esel von Apuleius in tiefenpsychologischer Sicht. Frankfurt.

Die inferiore Funktion. In: MARIE-LOUISE VON FRANZ/JAMES HILLMAN: *Zur Typologie C.G. Jungs. Fellbach, 6–104. (2. Aufl.: 1984.)*

Projection and Re-Collection in Jungian Psychology: Reflections of the soul. LaSalle (Ill.) and London.

L'ombre et le mal dans les contes de fées. Paris.

Le fiabe interpretate. Torino.

Il processo di individuazione (158–228). – La scienza e l'inconscio (304–310). In: C.G. JUNG *(Ed.): L'Uomo e i suoi Simboli. Milano. (Seconda Ed.: 1983.)*

1981

Daimons and the Inner Companion. Parabola Magazine, Vol. VI, 4, New York, 36–44.

Meaning and Order: Concerning meeting points and differences between depth psychology and physics. Quadrant, Journal of the C.G. Jung Foundation for Analytical Psychology, Inc., Spring, New York, 4–22. (Publ. in: R. K. PAPADOPOULOS and G. SAAYMAN [Eds.]: Jung in Modern Perspective. Hounslow, 1984.)

The Psychological Experience of Time. Eranos Jahrbuch 1978, Vol. 47, Frankfurt a. M., 173–204.

Zeit. Strömen und Stille. Frankfurt.

1982

C.G. Jung's Rehabilitation of the Feeling Function in Our Civilization. (Xerox copy [19 pages].)

Aurora consurgens. Le lever de l'aurore. Tome III du Mysterium Conjunctionis de C.G. Jung. Paris.

Les mythes de création; processus créateur et modèles de créativité. Paris.

1983

Die religiöse Dimension der Analyse. In: URSULA ESCHENBACH (Hrsg.): Die Behandlung in der Analytischen Psychologie. Bd. III, Stuttgart, 44–62.

Inward Journey. Art as therapy. By MARGARET FRINGS KEYES. With a supplement on active imagination by MARIE-LOUISE VON FRANZ. LaSalle (Ill.), 125–133.

Der Tod in der Sicht des Unbewußten. In: URSULA ESCHENBACH (Hrsg.): Die Behandlung in der Analytischen Psychologie. Bd. III, Stuttgart, 202–220.

Jung and Society. In: MOLLY TUBY (Ed.): In the Wake of Jung: A selection from Harvest. London, 25–40.

Ein Beitrag zur Diskussion der Synchronizitätshypothese C.G. Jungs. In: E. BAUER und W. v. LUCADOU (Hrsg.): Spektrum der Parapsychologie. Hans Bender zum 75. Geburtstag. Freiburg im Breisgau, 94–104.

1984

Traum und Tod. Was uns die Träume Sterbender sagen. München.

Quelques Réflexions sur la Synchronicité. In: H. REEVES, M. CAZENAVE, P. SOLIE, K. PREBRAM, H. U. ETTER, M.-L. VON FRANZ: La synchronicité, l'âme et la science. Existe-t-il un autre a-causal? Paris, 159–180.

Quelques aspects archétypiques de notre idée du temps (Conclusions d'une série de conférences faite sous ce titre à San Francisco en 1976). Dans: M. CAZENAVE *(Ed.): Carl Gustav Jung. Paris, 474–478.*

Alchimia. Torino.

Esperienze archetipiche in prossimità della morte. In: Incontri con la morte. Con L. FREY-ROHN, A. JAFFÉ *e* L. ZOJA. *Milano, 89–117.*

1985

Träume. Zürich (Gesammelte Aufsätze).

Meetings with Jung. By E. A. BENNETT. With an introduction by MARIE-LOUISE VON FRANZ. Zurich, 9–11.

The Transformed Berserk: Unification of psychic opposites. Re-Vision, Vol. 8, 1 (Summer/Fall). (Publ. in: S. GROF [Ed.]: Human Survival and Consciousness Evolution. Albany, 1988.)

Forever Jung. A conversation with analyst MARIE-LOUISE VON FRANZ. By JONATHAN COTT. In: Rolling Stone Magazine, No. 461, November 21, New York, 83ff. (Publ. in: JONATHAN COTT: Visions and Voices, New York, 1987.)

Die Suche nach dem Selbst. Individuation im Märchen. München.

Der Schatten und das Böse im Märchen. München.

Les rêves et la mort. Paris.

L'Asino d'oro. Torino.

Il femminile nella fiaba. Torino.

1986

Nike und die Gewässer der Styx. In: Eranos Jahrbuch 1985, Bd. 54, Frankfurt a. M., 455–483.

On Love, Maturity and Happiness. An interview with MARIE-LOUISE VON FRANZ. By JOAN JULIET BUCK. In: Vogue, November, 206–216.

Erlösungsmotive im Märchen. München.

Psychologische Märcheninterpretation. München.

On Dreams and Death. A Jungian Interpretation. Boston and London.

La psychologie de la divination. Le hasard signifiant. Paris.

Le tracce del futuro. Divinazione e tempo. Como.

La morte e i sogni. Torino.

1987

What Happens When We Interpret Dreams? In: L.C. MAHDI et al. (Ed.): Betwixt and Between. LaSalle (Ill.), 434–438.

Consciousness, power and sacrifice. Conversations with Marie-Louise von Franz. In: Psychological Perspectives. Vol. 18, 2, Los Angeles, 375–385.

Der Ewige Jüngling. Der Puer Aeternus und der kreative Genius im Erwachsenen. München.

Wissen aus der Tiefe. Über Orakel und Synchronizität. München.

C.G. Jungs Rehabilitation der Gefühlsfunktion in unserer Zivilisation. (Mimeograph [20 S.]/Vortrag in Küsnacht).

Le fiabe del lieto fine. Psicologia delle storie di redenzione. Como.

L'individuazione nelle fiabe. Torino.

1988

Psyche und Materie. Einsiedeln (Gesammelte Aufsätze).

Der transformierte Berserker. Die Vereinigung psychischer Gegensätze. In: S. GROF *(Hrsg.): Die Chance der Menschheit, München, 23–41.*

The Mother: Archetypal image in fairytales. By SIBYLLE BIRKHÄUSER-OERI. *Edited by Marie-Louise von Franz. Toronto.*

EMMA JUNG/MARIE-LOUISE VON FRANZ: *La légende du Gral. Paris.*

Les visions de Saint Nicolas de Flue. Paris.

Tipologia psicologica. Pensiero e sentimento, intuizione e sensazione. Como.

1989

Die Alchemie: Eine moderne Wissenschaft? Marie-Louise von Franz im Gespräch mit Frank Geerk. In: Basler-Magazin Nr. 2, 14.1.1989 (gekürzt). (Vollständig publ. in: Jungiana, Reihe A, Band 1, Küsnacht, 137–148.)

Alchimie et imagination active. Paris.

Sguardo dal sogno. Milano.

L'Eterno Fanciullo. L'archetipo del Puer aeternus. Como.

I volti del tempo. Ritmo e riposo, flusso e durata. Como.

I miti di creazione. Torino.

****

Filme von und über MARIE-LOUISE VON FRANZ:

1982: ‹Marie-Louise von Franz›. Realisiert von Françoise Selhofer. 54 Minuten, 16 mm Magnet-Ton. Der Film kann bei der Stiftung für Jung'sche Psychologie, Küsnacht, ausgeliehen werden (Filmtext s. S. 15–30).

The Wisdom of the Dream. A Channel 4 television series, London, in which Marie-Louise von Franz is interviewed. (See: S. SEGALLER and M. BERGER: Jung – The Wisdom of the Dream. London, 1989.)

1987: Niklaus von Flüe (Ein Film des Schweizer Fernsehens). Kontaktperson: Herr G. Ferrari, Casella postale, 6903 Lugano.

The Way of the Dream. Windrose Film Productions, Toronto, Canada. Contact person: Mr. Fraser Boa, Windrose Films Ltd., P. O. Box 265, Station Q, Toronto M4T 2M1. (See: F. BOA: The Way of the Dream. Toronto, 1988.)

Alison Kappes, lic. phil. I, Wunderlistraße 25, CH-8037 Zürich

Wilhelm Just

Durch das Offene zum unus mundus – die Quest in der Mathematik

Daß die Quantentheorie – also jene physikalische Theorie, welche die Phänomene der atomaren und subatomaren Welt so ungemein erfolgreich beschreibt – auch das psychische Phänomen des Bewußtseins berührt, war schon ihren Begründern klar und stellt für manche Physiker ein Problem dar, dessen sie sich gerne wieder entledigt hätten. Vorher in der klassischen Physik – als der Theorie der physikalischen Vorgänge in der alltäglichen, makroskopischen Welt – war dem Individuum nur die Rolle eines unbeteiligten, vom Geschehen gänzlich abgespaltenen äußeren Beobachters zugedacht. Die Welt draußen galt als das einzige Objektive; sie folge, so hielt man dafür, wie ein riesiges Uhrwerk streng deterministisch den Naturgesetzen, welche der Mensch rein rational nachvollziehen und restlos in Mathematik abbilden kann. In der Quantenphysik läßt sich die Rolle des Beobachters nun nicht mehr vernachlässigen; die Beobachtung/Messung stellt vielmehr bis auf den heutigen Tag ein umstrittenes, mysteriöses Element in der Beschreibung des quantenphysikalischen Geschehens dar. Die Entdeckung der Quantenwelt als eine tiefere Schicht der Wirklichkeit und die Entwicklung der Quantentheorie als ihre kohärente formale Beschreibung lief mit der Entdeckung des Unbewußten durch S. FREUD und dem Nachweis eines darunter liegenden unbestimmbar weiten unbewußten Feldes, des kollektiven Unbewußten, durch C. G. JUNG nicht nur zeitlich parallel. Psychologie und Quantenphysik zeigen vielmehr in zahlreichen, tiefgründigen Analogien gegenseitig aufeinander. Wenige Jahre nach dem Durchbruch zur endgültigen Formulierung der Quantentheorie hat C. A. MEIER von der Psychologie her die neuen physikalischen Vorstellungen von der äußeren Wirklichkeit, welche sich durch die Quantenphysik aufgedrängt haben, ausführlich mit den Ergebnissen der Tiefenpsychologie in Verbindung gesetzt.[1] Die Analogien, welche sich in den beiden Wissenschaften aus der

[1] CARL ALFRED MEIER: Moderne Physik – Moderne Psychologie. In: Die kulturelle Bedeutung der komplexen Psychologie. Hrsg. vom Psychologischen Club Zürich, Berlin 1935, 349.

Erfahrung ihres jeweiligen Gegenstandes ergeben haben, ließen C. G. JUNG vermuten, daß Physik und Psychologie von verschiedenen Standpunkten ausgehend ein und dieselbe Wirklichkeit beobachten. «Die Mikrophysik tastet sich in das Unbekannte der Materie vor, wie die komplexe Psychologie in das Unbekannte der Psyche. Beide Forschungsrichtungen gelangen zu Befunden, die sich nur durch Antinomien veranschaulichen lassen, und entwickeln Begriffe, die in mehr als einer Hinsicht merkwürdig analog sind.»[2]

Von seiten der Psychologie vergleichsweise spät und wenig bemerkt blieb ein ebenso bedeutender Markstein in der Entwicklung der modernen Mathematik: der Gödelsche Beweis. Dabei ergänzt er von dieser völlig abstrakten Disziplin her die Entdeckung des kollektiven Unbewußten ebenso sinnvoll, wie es von der Physik ausgehend die Quantentheorie mit ihrer Revolution der Auffassung von der physikalischen Wirklichkeit getan hat. Auch im Gödelschen Beweis ist über das, was seine Bedeutung für die Grundlagen der Mathematik selber anlangt, hinaus auf eine tiefere Schicht der Wirklichkeit verwiesen, welche sich jenseits des rational faßbaren Bestandes der Mathematik auftut. Die Arbeit KURT GÖDELS erschien im Jahre 1931 unter dem Titel ‹Über formal unentscheidbare Sätze der Principia Mathematica und verwandter Systeme I›.[3] Sie wird in ihren Auswirkungen auf die Fundierung und das Selbstverständnis der Mathematik mit der aristotelischen Logik verglichen, welche bis dahin uneingeschränkt mehr als zwei Jahrtausende lang in Mathematik und Philosophie dominiert hatte. Nach dem Gödelschen Beweis bleibt alles mathematische Argumentieren letzten Endes und auf sehr subtile Weise offen. Weit davon entfernt, der Bedeutung und Notwendigkeit der konventionellen Logik und Strenge etwas wegzunehmen, wird im Gödelschen Beweis deutlich, daß ein projektiver – das heißt letztlich archetypisch bewirkter – Faktor jedem formalen mathematischen System zu eigen ist. In diesem Sinne zeigt jedes Axiomensystem über sich hinaus auf eine bewußtseinstranszendente Wirklichkeit, in der es enthalten ist. Sie manifestiert sich in der Projektion und kann sich bei diesem Prozeß von Projektion und Projektionsrücknahme fortschreitend im Bewußtsein differenzieren – ganz analog der Entwicklung und wechselseitigen Beziehung von Bewußtsein und Unbewußtem, auf welche die Psychologie empirisch gestoßen ist.

---

[2] CARL GUSTAV JUNG: Mysterium Coniunctionis 2. Gesammelte Werke 14/II, Olten und Freiburg i. Br. 1978, § 423.

[3] Monatshefte für Mathematik und Physik, 38, 1931, 173–198.

MARIE-LOUISE VON FRANZ hat wiederholt auf die Bedeutung des Gödelschen Beweises für die Psychologie hingewiesen[4] in dem Sinne, daß dadurch die natürlichen Zahlen wieder als letztlich offen und für die Ratio unausschöpfbar erkannt worden sind. Die These, sie seien reines Produkt und Erfindung des menschlichen Geistes, wie manche Mathematiker dafürhielten, wird hier von der Mathematik selber her widerlegt. Außer ihrem quantitativen Aspekt ist der Zahl auch ein qualitativer zu eigen, wie in der Psychologie C. G. JUNG und unter seinen Schülern vor allem M.-L. VON FRANZ gründlich belegt haben. In den modernen Wissenschaften wird der qualitative Aspekt, indem er apotropäisch mit einem archaisch-magischen Bewußtsein identifiziert wird, geflissentlich geleugnet und bleibt völlig unbeachtet, ist aber natürlich trotzdem – dann eben unbewußt – wirksam.[5] R. ROBERTSON hat in seinem Buch ‹C. G. Jung and the Archetypes of the Collective Unconscious›[6] den Gödelschen Beweis mit der Entdeckung des kollektiven Unbewußten durch C. G. JUNG in Beziehung gesetzt und ausführlich den Sinnzusammenhang dargestellt. In ‹Bilder der Schöpfung in Physik und Mathematik›[7] habe ich die Aussagen der Gödelschen Beweise mit typischen Motiven der Schöpfungsmythen verglichen; demnach spiegelt sich das psychische Phänomen der Entstehung des Bewußtseins aus dem Unbewußten in der mathematischen Projektion. In einer kurzen Bemerkung hat WOLFGANG PAULI in einem Brief[8] an MARKUS FIERZ zur Frage, «wo das Leben beginnt», die Tragweite der Gödelschen Arbeit angedeutet: «Die Gödelsche Formel erinnert mich sehr an diese Synchronizitätsphänomene, bei denen der Wahrscheinlichkeitsbegriff aufhört. Könnte es nicht so sein, daß es sich nicht entscheiden läßt, ob diese Phänomene (i. e. Entstehung des Lebens)[9] den Gesetzen des ‹Anorganischen› widersprechen oder nicht?» (5. März 1957). Diesem Zusammengang zwischen Gödelschem Beweis und

---

[4] MARIE-LOUISE VON FRANZ: Zahl und Zeit. Psychologische Überlegungen zu einer Annäherung von Tiefenpsychologie und Physik. Stuttgart 1970. – Dies.: Psyche und Materie. Einsiedeln 1988.

[5] Als seltene Ausnahme sei K. Alex Müller, Physiker und Nobelpreisträger 1988 (Hochtemperatursupraleitung) erwähnt. Siehe: ‹Äußere und innere Forschungserfahrung und Erwartung›. Technische Rundschau 44, 1988, 8–13.

[6] ROBIN ROBERTSON: C. G. Jung and the Archetypes of the Collective Unconscious. New York 1987.

[7] WILHELM JUST: Bilder der Schöpfung in Physik und Mathematik. Diplomthesis am C. G. Jung-Institut Zürich, 1988 (= JUNGIANA. Beiträge zur Psychologie von C. G. Jung. Reihe B, Bd. 2, in Vorbereitung).

[8] K. V. LAURIKAINEN: Beyond the Atom – The Philosophical Thought of W. Pauli. Berlin 1988, 89.

[9] Meine Anmerkung.

Synchronizität soll hier nachgegangen werden. Dazu vorher aber noch eine kurze Darstellung, wie es zu diesem Umbruch in der Mathematik überhaupt gekommen ist.

Die Geschichte der Mathematik seit ihren Anfängen bei den Griechen bis zum Gödelschen Beweis[10] spiegelt exemplarisch, nach welchen Grundmustern sich im Abendland das Bewußtsein – individuell und kollektiv – entwickelt. In der geistigen und materiellen Auseinandersetzung mit der Umwelt kam der Mathematik stets ein zentraler Platz zu. Seit die Pythagoräer im 6. Jahrhundert v. Chr. die natürlichen Zahlen für die eigentliche Wirklichkeit in Natur und Kosmos gehalten haben, bis heute erlebt der abendländische Mensch an der Mathematik Grundfragen seiner Existenz: Was ist das eigentlich Wirkende in der Natur? Ist es identisch mit dem Sinnengegebenen, dem Erkennbaren? Wie weit kann man es erkennen, in Sprache, bzw. in die formale Sprache der Mathematik abbilden? Ist die Mathematik der Natur eingeschrieben? Die Tatsache, daß in den Tonharmonien auf nicht weiter erklärbare Weise Qualitäten und einfachste Quantitäten – nämlich die ganzzahligen Verhältnisse der Längen einer gespannten Saite – übereinstimmen, erfüllte die Pythagoräer mit der Überzeugung, daß die natürlichen Zahlen und ihre Verhältnisse dem Aufbau und der Harmonie des ganzen Kosmos zugrunde liegen und das eigentlich Wirkende sind. So verehrten sie die natürlichen Zahlen sogar als göttliche Wesen. Als man aber dann der Natur auch Größen eingeschrieben fand, welche sich nicht als Verhältnisse ganzer Zahlen darstellen lassen – etwa die Länge der Diagonale eines Quadrats, welche die Quadratwurzel aus 2, eine irrationale Zahl, enthält –, war ihrem religiösen Vertrauen in die natürlichen Zahlen die Gundlage geraubt.

Einen anderen Ausgangspunkt für die Erklärung der Natur fanden die Griechen in der Geometrie. Aus der praktischen Erfahrung mit der Landvermessung entwickelten sie erste geometrische Abstraktionen, welche Euklid in seinen ‹Elementen› (etwa 300 v. Chr.) zusammengefaßt hat. Entscheidend war die Entdeckung, daß eine Handvoll einfachster, allgemeinster, ohne weiteres einleuchtender Feststellungen über die Beziehungen von Punkten, Linien und Winkeln zueinander – die

[10] Für eine ausführliche Darstellung der Geschichte der Mathematik s. z. B. Moris Kline: Mathematics – The Loss of Certainty. New York 1980. – Zum Gödelschen Beweis s. Ernest Nagel, James R. Newman: Gödel's Proof. London 1958. – Douglas R. Hofstadter: Gödel, Escher, Bach. Harmondsworth 1979.

‹Axiome› – ausreicht, um daraus deduktiv nach den feststehenden Regeln der Logik alle möglichen wahren Aussagen der Geometrie herleiten zu können. Keine zwei Aussagen, welche einander widersprochen hätten, konnten auf diese Art aus dem Axiomensystem gewonnen werden, das heißt, es war unmöglich, eine Behauptung zugleich mit ihrer Gegenbehauptung – also A=B und gleichzeitig A≠B – aus dem Axiomensystem abzuleiten (Widerspruchsfreiheit). Andererseits war keine einzige in der praktischen Erfahrung als wahr erwiesene geometrische Aussage bekannt, welche nicht auf die euklidischen Axiome zurückgeführt hätte werden können (Vollständigkeit des Axiomensystems). Das Axiomensystem EUKLIDs liefere, so glaubte man, alle und nur wahre Aussagen. Über zwei Jahrtausende hinweg war man fest davon überzeugt, daß in der Natur die euklidische Geometrie erfüllt sei, daß sich die geometrischen Eigenschaften der Natur, die äußere Wirklichkeit mit der euklidischen Geometrie vollständig deckten. J. KEPLER zum Beispiel drückte es so aus: «Die Spuren der Geometrie sind in der Welt eingedrückt, wie wenn die Geometrie gleichsam der Archetypus des Kosmos wäre ... Die geometrischen Figuren sind ewig, die geometrischen Sätze von ewig her wahr im Geiste Gottes. Also sind sie der Archetypus des Kosmos ... Die Geometrie ist vor der Erschaffung der Dinge, gleich ewig wie der Geist Gottes; ist Gott selbst (was ist in Gott, was nicht Gott selbst ist?) und hat ihm die Urbilder für die Erschaffung der Welt geliefert, und sie ist mit dem Ebenbild Gottes in den Menschen übergegangen, nicht erst durch das Auge in das Innere aufgenommen worden.»[11]

Die Geometrie wird hier als die Sapientia Dei gefeiert, so wie sie aus Schöpfungsmythen und Religionen als selbständiges göttliches Wesen bekannt ist. Sie ist dort ausschlaggebend für die konkrete Weltschöpfung und weist menschlichere Züge auf, ist also jener bewußtseinsnähere Aspekt des Göttlichen, welcher vom Mensch bis zu einem gewissen Ausmaß noch erkannt, nachgefühlt werden kann. Auf jeden Fall hat für KEPLER die Geometrie nichts mit jener feststehenden formalen Gruppe toter Axiome und Regeln zu tun, zu welcher sie in der Folge geworden ist; sie ist ihm vielmehr ein lebendiger Geist, von welchem der Kosmos durchdrungen und getragen ist, in welchem

---

[11] JOHANNES KEPLER: De stella nova Serpentarii. Cap. IX. – Ders.: Brief an Hegoluntius. – Ders.: Harmonices mundi. IV. Buch. Zit. nach WOLFGANG PAULI: Der Einfluß archetypischer Vorstellungen auf die Bildung naturwissenschaftlicher Theorien bei Kepler. In: CARL GUSTAV JUNG, WOLFGANG PAULI: Naturerklärung und Psyche. Zürich 1952, 121, 123f.

der Mensch einen Abglanz Gottes erfahren kann. W. PAULI geht in seinem Beitrag zu ‹Naturerklärung und Psyche›[12] an der Auseinandersetzung von R. FLUDD und J. KEPLER dem Übergang von der «früheren magisch-symbolischen zur modernen quantitativ-mathematischen Naturbeschreibung»[13] nach. Bei KEPLER war die Trennung von Beschauer und beobachteter Natur zwar bereits vollzogen; aber er stand noch ehrfürchtig ergriffen vor den Wundern der Schöpfung – weit davon entfernt, in ihr bloß ein Instrument, welches er für seine eigenen Absichten manipulieren könnte, zu sehen. Er fühlte sich vielmehr noch ganz als Teil jener Schöpfung, welche er betrachtete, so wie der mittelalterliche Alchemist ahnte oder wußte, daß er in seinem opus mit enthalten war, daß er also auch selber gewandelt hervorgehen würde, wenn er die prima materia bearbeitete und durch seine Arbeit die anima mundi, die Weltseele, aus den Fesseln der Materie löste. Erst DESCARTES spaltete die Wirklichkeit endgültig in res cogitans und res extensa auf, wobei dann ausschließlich letztere die Aufmerksamkeit beherrschen sollte. Sie könne und solle, war man überzeugt, durch die rationale Methode voll ausgeschöpft werden. Die äußere Wirklichkeit war damit des unergründlichen göttlichen Aspekts beraubt; sie sollte vielmehr streng determiniert rein mechanistischen Gesetzen folgen. «Messen, was meßbar ist, und meßbar machen, was es noch nicht ist» – dieser Leitspruch GALILEIS prägte für die kommenden Jahrhunderte das Primat der Empirie und ergänzte die Abspaltung des Geistes von der Materie durch DESCARTES. Die Natur war zum reinen, unbelebten Objekt erklärt worden. Der aus der betrachteten Wirklichkeit ausgeschlossene göttliche Geist tauchte in der maßlosen Überschätzung des menschlichen Verstandes wieder auf, von welcher die rationalistischen Geisteshaltungen, die auf der cartesischen Spaltung aufbauen, beherrscht sind. Die letzte, abschließende Begründung des Seins wurde ins Ich – ins bewußte, rationale Ich – projiziert. Dermaßen identifiziert konnte man noch im Jahre 1930 in der Überzeugung, dem endgültigen Abschluß alles mathematischen Räsonierens nun greifbar nahe zu sein, sagen: «Für den Mathematiker gibt es kein Ignorabimus, und meiner Meinung nach für die Naturwissenschaft überhaupt nicht. (...) Statt des törichten Ignorabimus heiße im Gegenteil unsere Losung: Wie müssen wissen, wir werden wissen.» So DAVID HILBERT.[14]

---

[12] Ebenda, 109–194.
[13] Ebenda, 113.
[14] DAVID HILBERT: Naturerkennen und Logik. Naturwissenschaften 18, 1930, 959.

Ausgelöst war HILBERTS Optimismus durch die bisherigen Erfolge der Mathematiker bei ihrer Suche nach einem letzten unerschütterlichen Fundament, das heißt dem widerspruchsfreien, vollständigen Axiomensystem. Die euklidische Geometrie hatte, wie schon gesagt, diesen Platz über zwei Jahrtausende eingenommen ... zu Unrecht, wie es sich schließlich herausgestellt hat. Denn zu Beginn des 19. Jahrhunderts hat ein kleiner ‹Schönheitsfehler› in diesem Axiomensystem – nämlich das 5. Axiom, auch Parallelenpostulat genannt – zur Erkenntnis geführt, daß die euklidische nur eine von vielen, logisch ebenso konsistenten Geometrien ist. Damit war die bis dahin wirksame Identifikation von Natur, euklidischer Geometrie und absoluter Wahrheit zerbrochen. Das Parallelenpostulat war schon den Griechen suspekt gewesen, weil es doch über das Verhalten von Geraden im Unendlichen etwas aussagt – nämlich daß zwei parallele Geraden genau einen Schnittpunkt im Unendlichen gemeinsam haben. Es leuchtet nicht ebenso unmittelbar ein wie die anderen Axiome.[15] Die Versuche, sich dieses etwas offenen Postulats im Axiomensystem zu entledigen, gipfelten schließlich in der Erkenntnis, daß es willkürlich verändert werden kann, ohne daß davon die logische Struktur des Axiomensystems betroffen würde, daß es also unabhängig von den übrigen Axiomen gilt. Jeder speziellen Setzung des Postulats[16] entspricht eine andere Geometrie. Keine von ihnen erscheint formal gegenüber den anderen ausgezeichnet, so daß sie etwa deswegen Absolutheit für sich beanspruchen könnte.

Der Verlust der euklidischen Geometrie als der einen, absoluten, der Natur eingeschriebenen Wahrheit löste eine intensive Suche nach einem neuen, nun aber endgültig sicheren Axiomensystem als Fundament aus. Schon hatte man um die Jahrhundertwende geglaubt, es in der Mengenlehre G. CANTORS wiederhergestellt zu haben, als dort Widersprüche, sogenannte Antinomien, auftauchten. B. RUSSELL war auf die «Antinomie aller Mengen, die sich nicht selbst als Menge enthalten» gestoßen. Damit war der Überzeugung, die abschließende Basis der Mathematik gefunden zu haben, abermals ein vernichtender Schlag versetzt worden. Die Mengenlehre erfüllte offensichtlich die in sie gesetzten Hoffnungen nicht. Die RUSSELLsche Antinomie ist die moderne, mathematische Fassung eines schon in der Antike bekannten Paradoxons. EPIMENIDES – selber ein Kreter – hatte behauptet: «Alle

[15] Z. B. das erste Axiom: «Eine Gerade ist durch zwei Punkte bestimmt.»
[16] D. h. zwei parallele Gerade haben keinen oder mehrere Schnittpunkte gemeinsam.

Kreter sind Lügner» ... ein unentscheidbarer Satz. Wie immer man ihn dreht, er entrinnt dem festen Griff der Logik. Gesetzt, der Satz sei wahr, so steht dem im Handumdrehen entgegen, daß ja hier ein Kreter selber spricht – und umgekehrt läßt sich nicht zeigen, er sei falsch. Nimmt man an, er sei falsch, so erscheint er als wahr; nimmt man an, er sei wahr, erweist er sich als falsch. Man bleibt unentrinnbar in seiner sogenannten Selbstbezüglichkeit verwickelt. Wieder hatte also die Mathematik zu widersprüchlichen Aussagen geführt. Vollständigkeit und Widerspruchsfreiheit – unbedingte und auch selbstverständliche, einleuchtende Anforderungen an das gesuchte absolute Axiomensystem – waren wieder nicht gewährleistet. In neuerlichen Kreuzzügen machte man sich daran, die Fundamente der Mathematik in absoluter Form zu retten und ein für alle Mal sicherzustellen – was implizit heißt, mit den Methoden der Mathematik zeigen zu wollen, daß sie vollständig und widerspruchsfrei ist. Im speziellen war HILBERT, wie wir gesehen haben, bereits fest davon überzeugt, in seiner ‹Beweistheorie› jenes formale Verfahren entwickelt zu haben, durch das jede mathematische Aussage eindeutig als wahr oder falsch erwiesen werden könnte.

Was hier als absolutes Fundament gesucht wurde, war für KEPLER die Geometrie als Sapientia Dei gewesen: «Sie ist mit dem Ebenbild Gottes in den Menschen übergegangen, nicht erst durch die Augen in das Innere aufgenommen worden ...» Psychologisch gesehen heißt das, daß das Tragende bereits vor dem Bewußtsein ist, im Unbewußten also, nichts von den Sinnen oder Bewußtsein selber Gemachtes, während es in den aufgeklärten Wunschvorstellungen, gemäß welchen es das bewußte Ich rational fassen können sollte, mit der formalen Sprache der Mathematik selber identifiziert worden ist. Die Welt zu tragen war aber seit Menschengedenken einem Gott vorbehalten.

KURT GÖDEL erkannte, daß der Anspruch, die Widerspruchsfreiheit und Vollständigkeit der Mathematik formal zu beweisen, dem Versuch gleichkommt, die Mathematik mit ihren eigenen Mitteln über sich selber Aussagen machen zu lassen, selbstbezügliche Aussagen also von der Art des Paradoxons des EPIMENIDES. GÖDELS Arbeit zerstörte auf immer alle Hoffnungen, eine letzte, sichere formale Basis der Mathematik zu finden. Mit den strengen Methoden der Mathematik zeigte er,

> (1) daß es in jedem Axiomensystem mathematische Aussagen gibt, welche intuitiv als wahr erkannt werden, die aber im gegebenen System nicht bewiesen werden können, also nicht als Theo-

rem des Systems gelten können. Mit anderen Worten: die Mathematik ist nicht vollständig formalisierbar; ‹mathematisch wahr› ist nicht identisch mit ‹formal beweisbar›. Nicht alles, was sich als wahr vorstellt, ist rational vollständig auflösbar;

(2) daß es in jedem genügend mächtigen Axiomensystem unentscheidbare Aussagen gibt, das heißt Aussagen, welche – zusammen mit ihrer Verneinung – weder bewiesen noch widerlegt werden können. Das Parallelenpostulat der euklidischen Geometrie wäre von dieser Art;

(3) daß ein Axiomensystem nur dann vollständig sein kann, wenn es solche unentscheidbaren Aussagen enthält (also nicht widerspruchsfrei ist), und daß es nur widerspruchsfrei sein kann, wenn es unvollständig ist. Ein unvollständiges Axiomensystem wäre eines, welches einen beschränkten Geltungsbereich hat, so daß also von vornherein Aussagen zugelassen sind, welche außerhalb seiner Zuständigkeit liegen, deshalb auch nicht entscheidbar sind. Ein Beispiel dafür wäre die Arithmetik auf dem Niveau einer mechanischen Registriermaschine, die nur Additionen und Subtraktionen zuläßt. Ein solches ist durchaus widerspruchsfrei; läßt aber freilich von vornherein den größeren Teil der Arithmetik außerhalb seines Wirkungsbereichs;

(4) daß die Widerspruchsfreiheit eines formalen Systems, welches einen genügend großen Bereich abdecken soll, formal nicht demonstriert werden kann.

Es lassen sich also nach GÖDEL nicht alle wahren Aussagen rein mechanisch aus einem formalen System herleiten; Wahrheit ist nicht identisch mit Beweisbarkeit. Es gibt auch die intuitive Schau von Aussagen, deren Wahrheit mit Hilfe des gegebenen Axiomensystems nicht entschieden werden kann.[17] Die beiden Wege – der streng logisch fortschreitende und der intuitiv unmittelbar schauende – sind vielmehr komplementär zueinander, indem sie einander einerseits ausschließen, andererseits bedingen. Für das Wachsen der Mathematik bedarf es beider. Jedem Axiomensystem ist außerdem, sofern es sich auf einen genügend großen Geltungsbereich bezieht, das heißt genügend mächtig ist, ein projektiver Faktor zu eigen. Es ist also wie das

[17] Ein Beispiel für eine solche Aussage ist die ‹Goldbachsche Vermutung› (CHRISTIAN GOLDBACH, 1690–1764), nach der jede gerade natürliche Zahl als Summe zweier Primzahlen dargestellt werden kann. Es ist keine Zahl bekannt, für welche die Aussage nicht stimmte; andrerseits ist es aber auch niemand gelungen, einen allgemeinen Beweis dafür anzugeben.

König der Könige
Stiftskirche Lambach, Oberösterreich, 10. Jh.

Christus hält die geschaffene, konkrete Welt in der Hand. In diesem weitverbreiteten Mythologem ist berücksichtigt, daß jede bewußte Wirklichkeit von einem Archetypus getragen ist. Unsere Welt ist also nicht aus sich selber heraus und unabhängig nur in einem objektiven Draußen, wie es die vom Rationalismus geprägten Weltbilder zugrunde halten. Äußere und innere Wirklichkeit sind vielmehr – letztlich untrennbar – miteinander verwoben; ihr gemeinsamer Nenner ist der Archetypus. Der Gödelsche Beweis spiegelt diese Tatsache in der Mathematik wider. Demnach enthält jedes Axiomensystem, wenn in ihm ein genügend umfassender Bereich der Mathematik ausgedrückt ist, notwendigerweise (kollektive) Projektionen, also unbewußte Voraussetzungen.

Abbild eines Bewußtseinssystems. Wie im psychischen Bereich erscheint die Projektion zunächst ganz im Draußen als eine ausschließlich dem Objekt angehörige Eigenschaft. So drückte das Parallelenpostulat für EUKLID eine evidente Eigenschaft des Raumes aus. Erst durch eine solche Projektion wird es möglich, die Grenzen des Systems auszuloten. Der projektive Charakter wird nur allmählich mit zunehmender Vertrautheit mit dem Axiomensystem spürbar und unerträglich. Das Übersteigen des Systems zu einem umfassenderen, das heißt die Rücknahme der Projektion, kann wieder nur im spontanen, schöpferischen Akt erfolgen, liegt also außerhalb der Machbarkeit des Axiomensystems. Das Schöpferische im Menschen – als eine vom Bewußtsein und seinen Methoden unabhängige Kraft – bleibt demnach mit der Entwicklung der Mathematik ebenso unzertrennlich verbunden, wie diese auch des logischen, lückenlos nachvollziehbaren Vorgehens des Bewußtseins bedarf. So wie in der Psychologie C. G. JUNGS der Dialog zwischen Bewußtsein und Unbewußtem wieder das zentrale Geschehen geworden ist, wurden durch die Gödelschen Erkenntnisse formales Argumentieren und schöpferischer Einfall wieder ein komplementär aufeinander bezogenes Gegensatzpaar. Der weltschöpfende Geist – unabhängig von und vor dem Bewußtsein – ist in erneuerter Form wieder mitten im Geschehen, nachdem ihn der Rationalismus bereits für nicht existent und eine unnötige Hypothese erklärt hatte.[18] Dadurch, daß K. GÖDEL die rationale Methode konsequent ernst genommen hat, indem er sie auf sie selber angewendet hat, ist er wieder auf ihren verleugneten, verdrängten Gegenpol gestoßen.

Insofern ein für immer feststehendes formales Fundament und die logische Verknüpfung seiner Axiome zu Theoremen alleine offenbar nicht ausreichen, um alle Ausdrucksformen mathematischer Wahrheiten zu enthalten, ist in der Mathematik durch den Gödelschen Beweis ein neues Prinzip bezeichnet. Ohne den Zusammenhang durch logische Verknüpfung in Frage zu stellen oder ihn zu berühren, bedeutet es die Existenz wahrer Aussagen auch außerhalb des logischen Nexus und steht damit diesem diametral, komplementär, eigenständig gegenüber. Es hat in der Psychologie – als eine empirische Wissenschaft verstanden – eine genaue, sinnvolle Entsprechung im Prinzip der Synchronizität, das in ebensolcher Beziehung zum Prinzip des konstan-

[18] «J'en ai pas besoin de cette hypothèse», war die Antwort PIERRE SIMON DE LAPLACE', als NAPOLEON zu seinem Werk ‹La mécanique céleste› bemerkt hatte, daß dort nirgends von Gott die Rede sei.

ten, kausalen Zusammenhangs steht. Gerade weil in den Naturwissenschaften für eine vollständige Orientierung, die allen beobachtbaren Phänomenen gerecht werden soll, beide Prinzipien nötig sind, haben C. G. Jung und W. Pauli[19] vorgeschlagen, die Synchronizität als viertes Prinzip folgendermaßen ins physikalische Weltbild aufzunehmen:

Unzerstörbare Energie

Konstanter Zusammenhang durch Wirkung (Kausalität)		Inkonstanter Zusammenhang durch Kontingenz bzw. Gleichartigkeit oder «Sinn» (Synchronizität)

Raum-Zeit-Kontinuum

Wie W. Pauli in der eingangs zitierten Briefstelle andeutet, erhält das Prinzip der Synchronizität im Gödelschen Beweis von der Mathematik her Unterstützung und Ergänzung. Die dort geläufigen Bilder und Vorstellungen können helfen, es von einer neuen Seite aus verstehen und differenzieren zu lernen. C. G. Jung wurde durch seine praktische Erfahrung als Psychologe auf dieses Prinzip aufmerksam. Da die Diskontinuitäten und absoluten Naturkonstanten in der Physik ebensolche nicht mehr weiter reduzierbare, letzte Wahrheiten zu sein scheinen, neigte er «der Annahme zu, daß die Synchronizität im engeren Sinn nur ein besonderer Fall des allgemeinen ursachelosen Angeordnetseins ist, und zwar derjenige der Gleichartigkeit psychischer und physischer Vorgänge, wobei der Beobachter in der vorteilhaften Lage ist, das tertium comparationis erkennen zu können.»[20] Jung hat die synchronistischen Ereignisse als Schöpfung in der Zeit charakterisiert, was auch genau eine Eigenschaft der intuitiv-schöpferisch als wahr erkannten Aussagen in der Mathematik widerspiegelt, welche aus dem gegebenen Axiomensystem nicht herleitbar sind. Es ist, als ob sie unabhängig davon existierten. Neben den Theoremen des Axiomensystems, welche in monoton konstantem Fluß auch von einer Maschine,

[19] Carl Gustav Jung: Synchronizität als ein Prinzip akausaler Zusammenhänge. GW 8, Zürich 1967, § 953.
[20] Ebenda, § 955.

zum Beispiel einem Computer, erzeugt werden könnten, gibt es jene Einbrüche der unmittelbaren Schau einer mathematischen Aussage, die sich als wahr aufdrängt, ohne daß sie aber bewiesen werden könnte – zweifellos wirkt dies wie eine Schöpfung in der Zeit. Dadurch, daß sie ihrer Natur nach jedem Versuch einer hieb- und stichfesten (mechanistischen) Verifizierung entgleitet, bleibt sie ohne das erkennende Subjekt als offene Aussage in der Luft hängen. Eine solche Einsicht in ein «bloßes Vorhanden- oder Sosein, das heißt eine nicht weiter reduzierbare Kontingenz»[21], konfrontiert das bewußte Ich, ob es will oder nicht, mit der Sinnfrage. Das Individuum ist deshalb als ein Ganzes, nicht nur über den Intellekt, darin berührt und gespiegelt.

Die Tatsache der Synchronizitäten führte C. G. JUNG zur Hypothese des unus mundus – einer Wirklichkeit, welche unsere immer schon in Psychisches und Physisches zerfallene Welt der Erfahrung als Einheit enthält.[22] Von draußen gesehen erscheint sie uns als das Materielle, von innen wird sie als das Unbewußte erfahren. Bis dahin war der unus mundus ausschließlich Gegenstand der philosophischen Reflexion oder der mystischen Erfahrung gewesen. Die Synchronizitäten – das sind sinnverbundene, aber kausal nicht verknüpfte Ereignisse – stellen nach JUNG einen deutlichen empirischen Hinweis dar. Sie erscheinen auf ein erkennendes Bewußtsein hin gerichtet. Synchronistische Ereignisse kommen besonders häufig in emotional geladenen Situationen vor – also im direkten Spannungsfeld der Archetypen – und können tiefste Betroffenheit auslösen.[23] Weil diese tiefere Schicht der Wirklichkeit sicherlich nicht als nur zum Subjekt gehörig empfunden, vielmehr die Berührung mit ihr wie die Einsicht in einen absoluten Welt-Sinn[24] erfahren wird, nannte JUNG sie psychoid.

Ohne hier darauf näher eingehen zu können, sei auf eine Parallele in der Quantenphysik hingewiesen. Die Quantentheorie ist eine sogenannte nicht-lokale Theorie, was heißt, daß sie a priori eine instantane allgemeine Verbundenheit der physikalischen Phänomene voraussetzt, welche keines Informationsträgers bedarf. Besonders frappierend manifestiert sie sich in den Bellschen Korrelationen.[25] Sie wur-

---

[21] Ebenda.
[22] JUNG: Mysterium Coniunctionis 2, §§ 413ff.
[23] VON FRANZ: Psyche und Materie, 331.
[24] Entsprechend dem chinesischen ‹Tao›.
[25] Siehe z. B. NICK HERBERT: Quantum Reality. Beyond the New Physics. London 1985.

den experimentell nachgewiesen an Quanten, welche vom Zerfall ein und desselben physikalischen Zustands herrühren.[26] Zwei solche Quanten verhalten sich korreliert, auch wenn sie sich örtlich weit voneinander entfernt haben. Es ist, als ob jedes stets ‹wüßte›, was mit dem anderen passiert ist. Diese Verbundenheit läßt sich mit den Kategorien von Raum-Zeit und Kausalität nicht erfassen, obwohl diese dabei auch nicht verletzt werden, insofern dieses Wissen voneinander nicht für Informationsübertragungen ‹ausgenützt› werden kann. Der Beobachter kann das Wissen im Experiment einsehen; und nur im bewußten Beobachter wird die Verbundenheit erkannt und damit zum Ereignis, nicht aber als mechanische Ursache für irgendwelche äußere Effekte. Dieses unvermittelte, instantane Wissen erinnert an das ‹absolute Wissen› des Unbewußten[27], das in den synchronistischen Ereignissen offensichtlich wird. JUNG vergleicht es mit den chinesischen Vorstellungen vom Tao, dem großen Welt-Sinn, von dem es heißt: «Das Tao kleidet und nährt alle Wesen und spielt nicht ihren Herrn» oder: «Darum: das Etwas schafft Wirklichkeit. Das Nichts (das Tao als Gegensatz zur Wirklichkeit) schafft Wirkung.»[28]

Seinerseits ausgehend von seinen Erkenntnissen über die Grundlagen der Mathematik kam K. GÖDEL zu einer Vorstellung nach Art der platonischen Welt der Ideen – einer Welt der mathematischen Objekte, in der sie zeitlos schon immer existieren. Sie ist der mathematischen Introspektion zugänglich. PLATONS Ideenwelt entspricht aufs engste den Archetypen des kollektiven Unbewußten – nur daß JUNG den emotionalen, zwingenden Charakter, der jeder Berührung mit ihr anhaftet, als für das Individuum entscheidend und der Empirie zugänglich erkannt hat. GÖDEL spricht zwar wie von bereits fertigen Objekten in dieser bewußtseinstranszendenten Welt; sie scheinen ihm aber nicht als starr, tot, sondern er weiß sehr wohl um ihren zwingenden Charakter: «(Mathematische)[29] Gruppen und Begriffe können (. . .) auch als wirkliche Objekte verstanden werden, nämlich Gruppen als ‹Mannigfaltigkeiten von Dingen› oder als Strukturen, die aus einer Mannigfaltigkeit von Dingen bestehen, und Begriffe als die Eigenschaften und Beziehungen von Dingen, welche unabhängig von unseren Definitionen und Konstruktionen existieren. Die Annahme solcher Objekte scheint mir ebenso berechtigt wie die Annahme physikali-

---

[26] U. a. von ALAIN ASPECT et al.: Physical Review Letters 47, 1981, 460.
[27] JUNG: Synchronizität, § 921.
[28] Zitiert nach JUNG, ebenda, § 909.
[29] (Meine erklärende Beifügung).

scher Körper und es besteht derselbe begründete Anlaß, an ihre Existenz zu glauben. Sie sind in demselben Sinne notwendig, um ein befriedigendes System der Mathematik zu erhalten, wie physikalische Körper für eine befriedigende Theorie unserer Sinneswahrnehmungen notwendig sind. In beiden Fällen ist es unmöglich, die Aussagen, die man über diese Wesenheiten machen will, als Aussagen über die ‹gegebenen Größen›, das heißt in letzterem Fall die tatsächlich stattfindenden Sinneswahrnehmungen, zu interpretieren ...»[30] Oder: «Die Objekte der transfiniten Mengenlehre (...) gehören klarerweise nicht der physikalischen Welt an und sogar ihre indirekte Verbindung mit der physikalischen Erfahrung ist sehr lose ... Aber trotz ihrer Entrücktheit von jeder sinnlichen Erfahrung können wir auch die Objekte der Mengenlehre wahrnehmen, wie man aus der Tatsache sehen kann, daß sich ihre Axiome uns als wahr aufdrängen ...»[31]

****

Dem archetypischen Bedürfnis der Rückverbindung mit dem Ursprung folgend, war das abschließende, alles tragende Fundament der Mathematik zunächst in ein absolutes formales Axiomensystem, das alle mathematischen Wahrheiten bereits in nuce in sich enthalten sollte, projiziert worden. Der Gödelsche Beweis löste diese Projektion auf und zerstörte endgültig jede weitere Hoffnung auf einen Ersatz, der einseitig im Rationalen verhaftet bliebe. Er läßt vielmehr die Vorstellung einer transzendenten Welt der mathematischen Objekte offen, deren Schau jeder mathematischen Erkenntnis zugrunde liegt – ähnlich PLATONS Ideenwelt als Hintergrund der sinnlich wahrnehmbaren und erkennbaren Welt. Solche Bilder werden offensichtlich immer wieder aktiviert, wenn ein Individuum nach einem letzten Sinn sucht. Sie wurden vom mittelalterlichen Alchemisten GERARDUS DORNEUS zu einer eindrucksvollen Entfaltung gebracht. Für ihn war «der höchste Grad der coniunctio die Vereinigung des ganzheitlichen Menschen mit dem ‹unus mundus›. Unter letzterem versteht er (...) die potentielle Welt des ersten Schöpfungstages, als noch nichts in actu, d. h. in der Zwei- und Vielzahl war, sondern nur Eines ... eine potentielle Welt, welche den ewigen Urgrund alles empirischen Seins bedeutet ...»[32] Auch das Erfahrungsmaterial der modernen Psycholo-

---

[30] KURT GÖDEL: Russell's Mathematical Logic. In: The Philosophy of Bertrand Russell, ed. P. A. Schilpp, 1944. (Meine Übersetzung).
[31] KURT GÖDEL: What is Cantor's Continuum Problem? In: Philosophy of Mathematics. Edts. P. Benacerraf, H. Putnam. Englewood Cliffs, N. J. 1964. (Meine Übersetzung).
[32] JUNG: Mysterium Coniunctionis 2, § 414.

gie zwingt, wie C. G. JUNG gezeigt hat, zur Annahme eines unus mundus, in dem Psychisches und Physisches noch nicht getrennt sind. Daß K. GÖDEL auf der Suche nach einem Urgrund der mathematischen Erkenntnis wieder zur Hypothese einer solchen Einheitswelt gekommen ist, weist von einer anderen Seite auf einen Zugang zum Irrationalen für den modernen Menschen. Indem sich durch das Rationale und im Rationalen selber sein immer schon dagewesener und wirkender Gegenpol wieder aufgetan hat, stellt die sorgfältige Berücksichtigung des Irrationalen nicht mehr den gefürchteten Rückfall ins magische Denken dar, sondern erweist sich als Schritt nach vorne; ja bei einer ehrlichen wissenschaftlichen Einstellung scheint dies der einzig gangbare Weg zu sein, es sei denn, man ziehe es vor, regressiv in einer apotropäischen Haltung steckenzubleiben.

Dr. phil. Wilhelm Just, Donaulände 12, A-4100 Ottensheim, Österreich

Gilles Quispel

Das Thomasevangelium und der Animus der Frau

I

CARL GUSTAV JUNGS beste Bücher wurden nach seinem Tode veröffentlicht. Zuerst kamen die ‹Erinnerungen, Träume und Gedanken›, welche ihren Reiz allerdings auch dem Takt und der Sanftmut seiner damaligen Sekretärin, der stilgewandten Aniela Jaffé, verdanken und so in der ganzen Welt Beachtung gefunden haben.[1] Dann folgte der schicksalhafte Briefwechsel mit FREUD, durch die glänzende und präzise Editionstechnik von William McGuire dem modernen Leser verständlich gemacht.[2] Schließlich erschienen die Vorträge, welche der Medizinstudent JUNG gehalten hat als Präsident der Burschenschaft Zofingia, allerdings, soweit ich weiß, bisher nur in englischer Übersetzung als ‹Zofingia Lectures›.[3] Es kommt mir so vor, daß diese höchstinteressanten Erstlinge eines vielversprechenden Jünglings noch nicht die Aufmerksamkeit auf sich gezogen haben, welche sie verdienen. Denn hier findet ein Mensch, der JUNG in seinem Alter gekannt hat, vieles präfiguriert, was ihm bekannt vorkommt oder auch das spätere Leben beleuchtet und in die richtige Perspektive stellt.

JUNG war schon damals ein großer Leser. Wie er mir erzählte, hatte er schon als Student KANTS ‹Kritik der reinen Vernunft› und AUGUSTINS ‹Konfessionen› gelesen. Aber aus den Zofingia-Vorträgen geht hervor, daß er schon damals am Spiritismus interessiert war, wie später an der Astrologie, eben weil er immer die Mechanisierung des Weltbildes verwarf und eine organische Lösung suchte. Das hat dann zu seiner geistreichen Theorie der Synchronizität geführt. Auch JACOB BOEHME

---

1 Erinnerungen, Träume, Gedanken von C. G. Jung. Aufgezeichnet und hrsg. von Aniela Jaffé. Zürich und Stuttgart 1962.

2 SIGMUND FREUD/C. G. JUNG: Briefwechsel. Hrsg. von William McGuire und Wolfgang Sauerländer. Frankfurt am Main 1974.

3 CARL GUSTAV JUNG: The Zofingia Lectures. Translated by Jan van Heurck. With an Introduction by Marie-Louise von Franz (Bollingen Series XX: A), Princeton, N. J. 1983.

hat er damals schon gekannt, der die Einheit der Gegensätze und die Androgynie des Menschen und Gottes lehrte. Später hat JUNG lieber über HERAKLITS Enantiodromie gesprochen, was ungefähr dasselbe ist. Aber noch 1951 schrieb er in der Widmung eines Sonderdruckes seines Vorworts zu SUZUKIS Buch ‹Die große Befreiung›:

> Wem Zeit wird wie Ewigkeit
> und Ewigkeit wie Zeit,
> der ist befreit
> von allem Streit.

JUNG gehörte, wie BOEHME, COMENIUS, GOETHE und NOVALIS, zu der Spielart des Humanismus, welche Pansophie genannt wird.

Wer feststellt, daß der junge Student auch SCHOPENHAUER zitiert, wird sich nicht mehr wundern, daß JUNG später die Auffassung bekämpft hat, das Böse sei eine privatio boni. Denn nach SCHOPENHAUER ist der Motor von Welt und Geschichte der unbewußte Wille, welcher Gutes wie Böses erzeugt.

Im fünften Vortrag, gehalten im Januar 1899, bekämpft JUNG die Ansicht des damals führenden und maßgebenden Theologen ALBRECHT RITSCHL. Dieser vertrat eine politische Theologie, wie heute die Barthianer: der Christ sollte sich einsetzen für das Wilhelminische Deutschland beziehungsweise den Soziokommunismus. Dabei macht man sich angeblich schmutzige Hände und braucht die Rechtfertigung aus dem Glauben, welche LUTHER lehrte – und Paulus, so weit er mit LUTHER übereinstimmt –, während das Jesusbild der Evangelien nach RITSCHL gemessen werden muß am modernen Konzept des normalen Menschen, der Jesus eigentlich wohl war. Mystik dagegen und Pietismus lenken vom politischen Handeln ab und sollen deshalb bekämpft werden. Das tat RITSCHL dann auch, mit der bekannten Gründlichkeit, welche man zu fürchten gelernt hat. Sein Schüler, ADOLF (VON) HARNACK, auch er ein begeisterter Anhänger des Kaisers, erledigte aus denselben Gründen mit derselben Gründlichkeit das christliche Dogma von der Trinität und der Gottmenschlichkeit.

JUNG richtet sich gegen diese Auffassung und verteidigt erstaunlicherweise die damals ebenso wie heute unpopuläre Ansicht, Jesus sei ein Gottmensch gewesen. *Ein* Gottmensch, nicht *der* Gottmensch. Und MARIE-LOUISE VON FRANZ vermutet in ihrer Einleitung, daß JUNG später auch Buddha als einen Gottmenschen bezeichnet haben würde. Überhaupt hat JUNG später noch manches hinzugefügt. Aber soweit ich sehe, hat er seine ursprüngliche Ansicht nie widerrufen. Es stritt hier ein homo religiosus mit einem homo politicus für die Eigenständigkeit der Religion, gegen ihre Politisierung. Und das ist heutzutage von größter Bedeutung.

JUNG entschied sich auch für Gegner von RITSCHL und HARNACK wie BOUSSET und andere Anhänger der Religionsgeschichtlichen Schule, welche das Christentum mit den hellenistischen Mysterien und anderen Religionen in Verbindung brachten. Das hat dann dazu geführt, daß er nach der Lektüre von ALBRECHT DIETERICHS Mithrasliturgie die Entdeckung machte, daß es in der Seele des modernen Menschen archaische Vorstellungen gibt, welche er später Archetypen nannte.[4] Er verdankte es seinem Vater, daß er über Theologie und Religionswissenschaft schon sehr früh Bescheid wußte.

II

In der Gefolgschaft der Religionsgeschichtlichen Schule befand sich die Gnosis, deren Bedeutung für die Psychologie und für die religiöse Lage des modernen Menschen JUNG schon sehr früh erkannt hat. Schon in seiner Dissertation stellt er fest, daß Helly Preiswerk gnostische Systeme entwarf, ohne eine Ahnung davon zu haben, daß es so etwas im Altertum gegeben hat. Daraus schloß er, daß der gnostische Mythos im unbewußten Seelenleben des heutigen Menschen noch immer präsent ist, eine Ansicht, die kein Sachverständiger leugnen wird. Am 29. August 1912 schrieb er FREUD, daß die gnostische, alexandrinische Gestalt der Sophia besonders dazu geeignet war, die Reinkarnation der antiken Weisheit in der Psychoanalyse darzustellen. In den Septem Sermones ad Mortuos wird Material von BASILIDES benutzt, um die abgründigen Erfahrungen des bedrohten und geheilten Seelenarztes wiederzugeben. Christus ist in dieser Schrift verschwunden, aber der Heilige Geist ist noch da: «Geistigkeit empfängt und erfaßt. Sie ist weiblich und darum nennen wir sie die MATER COELESTIS, die himmlische Mutter.»[5] So wird in judenchristlichen, aber auch in gnostischen Quellen der Geist oder die Sophia dargestellt.

---

[4] CARL GUSTAV JUNG: Symbole der Wandlung. Gesammelte Werke Bd. 5, Olten und Freiburg i. Br. 1973, § 223, vgl. §§ 150–154.
[5] Erinnerungen, 395.

MARTIN BUBER hat deswegen JUNG als Gnostiker bezeichnet, und darüber wird bis heute im Jungkreis gestritten. Das ist zu viel Ehre. JUNG selber hat ERICH NEUMANN damals geschrieben, er würde die Bezeichnung akzeptieren, wenn sie nicht als Schimpfname gemeint wäre.[6] Inzwischen ist der Existentialismus in Akademia verschwunden und hat HEIDEGGER sich unmöglich gemacht. Aber auch BUBER war ein Existentialist. Und inzwischen ist auch deutlich geworden, daß die Verleumdungen alter und moderner Kirchenväter unbegründet waren: nie hat ein Gnostiker einen Katholiken getötet. Wenn schon GOETHE sich als Gnostiker betrachtete, dann ist Gnostiker ein Ehrenname. JUNG selber hat in seiner Ansprache am 15. November 1953 bei der Überreichung des Codex Jung gesagt, das Evangelium Veritatis, das in diesem Codex enthalten ist, zeige, in welcher Weise die christliche Offenbarung vom Unbewußten in der damaligen Zeit aufgenommen wurde. «Selbst innerhalb des mittelalterlichen Judentums entwickelt sich über die Jahrhunderte hin ein den christlichen Rezeptionen paralleler, aber unabhängiger Prozeß, nämlich die Kabbala. Ihre nächste Analogie im christlichen Gebiet ist die alchemistische Naturphilosophie, deren innige psychologische Verwandtschaft mit dem Gnostizismus unschwer zu erkennen ist.

Die in der modernen Psychologie sich als unvermeidlich aufdrängende Konfrontation des Menschen mit seiner dunkeln Seite setzt den säkularen Prozeß der christlichen Bewußtwerdung fort und zeitigt die gleichen Folgen, nämlich Rezeptionserscheinungen ähnlicher Art wie die historisch bekannten des Gnostizismus, der Kabbala und der hermetischen Philosophie.»[7]

Das ist sehr sorgfältig und wissenschaftlich formuliert. Kein Sachverständiger wird es bestreiten. Das bedeutet nun aber, daß neben Glaube und Philosophie die Gnosis fortwährend als dritte Komponente der europäischen Kulturtradition da war. Oder haben wir vergessen, daß es neben Jerusalem und Athen einmal auch Alexandrien gegeben hat?

JUNG und sein Mitarbeiter C.A. MEIER haben sich auch eingesetzt, um die neugefundenen gnostischen Schriften von Nag Hammadi den

---

[6] CARL GUSTAV JUNG: Briefe. Hrsg. von Aniela Jaffé und Gerhard Adler. Bd. 2, Olten und Freiburg i. Br. 1972, 368 (Brief vom 30.1.1954).
[7] GW 18/II, §§ 1830/31.

zuständigen Gelehrten zur Verfügung zu stellen, in einer Zeit, da kaum jemand sich für diesen Fund interessierte. Sie haben sich auch ganz selbstlos verpflichtet, den Codex, welcher mit ihrer Hilfe 1952 erworben wurde, nach der Herausgabe nach Ägypten zurückkehren zu lassen, unter der Bedingung, daß die anderen Codizes freigegeben würden.

Hätten sie das nicht getan, dann lägen diese Codizes noch immer unveröffentlicht im Koptischen Museum in Alt-Kairo. Bedauerlicherweise sind sie dann doch in die Hände der Amerikaner gefallen, welche diese koptischen Texte nicht edieren können, weil sie kein Griechisch verstehen. Die fünf Schriften des Codex Jung aber sind als Veröffentlichungen des Jung-Instituts als Prachtausgaben bei Rascher in Zürich erschienen.

Diese beiden Männer haben auch dafür gesorgt, daß von Anfang an am Jung-Institut über die Gnosis gelesen wurde, bis zum heutigen Tage und hoffentlich auch in der Zukunft. Ich lege Wert darauf, nicht nur, weil die Psychologen das brauchen, nicht nur, weil die gnostischen Schriften viel zu wichtig sind, um sie den Theologen zu überlassen – JUNG sah sofort, daß sie wichtiger waren als die Rollen vom Toten Meer, welche er langweilig fand –, sondern auch, weil das Interesse für die Gnosis der Jungschen Psychologie zustatten kommen kann. Sehen Sie, ich war vor einiger Zeit im Fernen Osten und bin von der Wirkung des Buddhismus in Thailand sehr beeindruckt. Außerdem kommen in den letzten Jahren stets mehr Japaner, Inder, Thailänder ins Institut.

Das hat mich davon überzeugt, daß die Zukunft der Jungschen Psychologie in Asien liegt, wo sie auf Verständnis und Anerkennung rechnen kann. Dabei kann die Gnosis verbindend und versöhnend wirken. Denn der Glaube trennt, aber die Gnosis vereinigt. Orient wie Okzident ruhen still in den Händen des Unbekannten Gottes, welcher das Nichts ist. «Höret: ich beginne beim Nichts. Das Nichts ist dasselbe wie die Fülle.»[8]

[8] JUNG: Septem Sermones ad Mortuos. Erinnerungen, 389.

III

Ganz besonders wird eine der 52 gefundenen Schriften auf das Interesse des Orientalen stoßen, welche eben nicht mit den Propheten Israels, wohl aber mit den Weisen Indiens übereinstimmt: das ist das Evangelium von Thomas.

Diese Sammlung von 114 Worten Jesu verkündet den Monachos, das heißt den ganzheitlichen, vollständigen, androgynen Menschen, welcher die Gegensätze vereinigt und aufgehoben hat. Sie setzt nämlich voraus, daß Adam das Männliche und das Weibliche in sich enthielt, ehe Eva aus seiner Seite genommen wurde, und daß Jesus gekommen ist, um den Kampf der Geschlechter zu beenden und die ursprüngliche Einheit wiederherzustellen. Deshalb sagt Jesus im Thomasevangelium:

> Wenn ihr die zwei zu eins macht und wenn ihr das Innere wie das Äußere macht und das Äußere wie das Innere und das Obere wie das Untere, und wenn ihr das Männliche und das Weibliche zu einem Einzigen macht, so daß das Männliche nicht mehr männlich und das Weibliche nicht mehr weiblich ist, ... dann werdet ihr ins Königreich (Gottes) eingehen (22).

Überhaupt spricht Jesus hier nicht als eschatologischer Prophet eines Weltendes, das nicht kam, sondern als das Sprachrohr oder die Verkörperung der göttlichen Weisheit. Jesus sagte:

> Selig ist der Mensch, der gelitten hat. Er hat das Leben gefunden (58);
> Werdet Wanderer (42);
> Wer meine Worte trinkt, wird werden, was ich bin, und ich selbst werde er werden, und das Verborgene wird sich ihm offenbaren (108);
> Wenn ihr das gebärt, was in euch ist, wird das, was ihr in euch habt, euch erlösen; wenn ihr das nicht in euch habt, wird das, was ihr nicht in euch habt, euch töten (70).

Es war mir eine große Freude, daß ich 1956, nach meiner Flucht aus Ägypten, als wir endlich über diesen Text verfügen konnten, eine vorläufige Übersetzung an JUNG schicken konnte. Und das war dann zugleich unser letzter Kontakt.

Die Neutestamentler protestantischen Glaubens waren damals nicht begeistert über diese neue Gabe Gottes. Beinahe einstimmig erklärten sie, das Thomasevangelium sei «eine gnostische Perversion der Heiligen Schrift». Ganz anders die katholische Kirche: als Kardinal JEAN DANIÉLOU damals hörte, daß fünf Professoren so etwas behaupteten, sagte er lakonisch: «Ce sont tous des protestants. Nous autres catholiques, nous avons toujours dit que la tradition est importante.» Und in der Tat ist es jetzt eine ausgemachte Sache, daß das Thomasevangelium gar nichts zu tun hat mit den vier kirchlichen Evangelien, welche alle heidenchristlich sind, sondern eine judenchristliche, von den kanonischen Evangelien unabhängige Tradition enthält. Dabei unterscheidet man eine judäische Quelle, welche im allgemeinen den voces ipsissimae Jesu nähersteht als das Neue Testament, und eine alexandrinische Quelle, welche die Spuren einer asketischen, enkratitischen Überarbeitung verrät. Trotzdem aber hat diese ganze Tradition ihren Ursprung und Sitz im Leben Jesu und behält einen charakteristischen Zug seines Wesens. Wir wissen alle, daß Jesus in Matthäus 11,28–30 sagt:

> Kommet her zu mir alle, die ihr mühselig und beladen seid, so will ich euch Ruhe geben. Nehmet mein Joch auf euch und lernet von mir, denn ich bin sanftmütig und von Herzen demütig: so werdet ihr Ruhe finden für eure Seelen. Denn mein Joch ist sanft und meine Last ist leicht.

Jesus spricht hier als Weisheitslehrer. Er ruft nicht Sünder zur Bekehrung, sondern appelliert an Intellektuelle, denen die Existenz zu einer Last geworden ist. So ruft die Weisheit, Hoḳma, im Buch Jesus Sirach ihren Liebhabern zu:

> Kommet zu mir, alle die ihr nach mir verlanget,
> und sättigt euch mit meinen Früchten,
> denn die Erinnerung an mich ist süßer als Honig
> und der Besitz von mir süßer als Honigwaben (24,19).

Die Weisheit im Alten Testament ist eine leichtsinnige Frau. Sie steht an den Ecken der Straßen und ruft die Männer zu sich. Das tut im Orient keine anständige Frau, denn diese nimmt es mit der Liebe sehr genau. Aber Hoḳma hat die Züge der Ishtar bewahrt, welche sich gerne ‹die Hure› nennt. Wisdom was a lady, but her past was shady. Deswegen redet die Weisheit so herausfordernd und freimütig, ja beinahe keck. Die Fassung des Thomasevangeliums stimmt in aller Kürze überein:

> Jesus sagte: Kommt zu mir, denn leicht ist mein Joch und meine Herrschaft ist mild und ihr werdet Ruhe für euch finden (90).

Matthäus hat dieses Wort, das er in seiner Tradition vorfand, bearbeitet im Sinne seiner Theologie. Hatte nicht der Prophet Zacharja (9,9) vorhergesagt, daß der Messias kommen würde, demütig und reitend auf einem Esel, wie Jesus das auch nach Matthäus (21,3–5) getan hat bei seinem Einzug in Jerusalem, damit diese Prophezeiung erfüllet werde?

Nach Matthäus stimmt Jesus mit dem Propheten überein. Nach Thomas aber stimmt Jesus mit den Weisheitslehrern aller Zeiten überein, indem er die große Befreiung vom alten Gesetz predigt und das neue Gesetz – angedeutet durch Joch und Herrschaft –, das neue Gebot von Liebe und Bruderschaft verkündet. Und wir haben gar keine Veranlassung anzunehmen, daß Jesus das nicht gesagt hat. Wir wissen ja, daß in seiner Zeit und in seiner Umgebung der Mann nicht selten seine weibliche Seite entdeckt hat. In den Mysterien des Mithras wurde ein spezieller Grad der Initiation ‹nymphos› genannt. Das war nicht ein Fehler, wie gelahrte Professoren meinen, welcher in Nymphios, Bräutigam, geändert werden sollte. ‹Nymphos› bedeutet: männliche Braut des Gottes. In den judenchristlichen Pseudo-Klementinen (Hom. III, 27, 3) gilt jeder Mann als Braut (νύμφη).[9]

Es ist also sehr wohl möglich, daß Jesus sich als Sprachrohr der Weisheit erlebt hat, daß er die weibliche Weisheit und den weiblichen Geist als Gegenüber *in sich* erfahren hat.

Er mag schon ein Prophet gewesen sein, der einer erstarrten Religion und einer liederlichen Gesellschaft das Ende verkündete, und das war sehr männlich. Das schließt aber nicht aus, daß er auch die Offenbarung der göttlichen Hoḳma erlebt hat, welche in Israel immer weiblich, wirklichkeitsbezogen, schlau und allgemein-menschlich war.

---

[9] Nam quilibet homo sponsa est; quando veri prophetae candido veritatis sermone conspersus (σπειρόμενος) mente illuminatur. (Jeder Mensch ist eine Braut, wenn er, besamt vom weißen Wort der Wahrheit des wahren Propheten, im Geiste erleuchtet wird.)

IV

Das bedeutet nun allerdings gar nicht, daß alle 114 Worte des Thomasevangeliums authentisch sind. Nehmen Sie zum Beispiel Logion 114:

> Simon Petrus sagte zu ihnen: Maria (Magdalena) möge von uns weggehen, denn die Frauen sind des Lebens nicht würdig.
> Jesus sagte: Sehet, ich werde sie führen, damit ich sie männlich mache, daß auch sie zu einem lebendigen Geist wird, welcher euch Männern gleich ist. Denn jede Frau, die sich männlich macht, wird in das Reich der Himmel eingehen.

Ich bin ganz sicher, daß Jesus das nicht gesagt hat, weil ich den Urheber dieser Ansicht kenne.

PLATO, der schon von seiner Veranlagung her die Frauen nicht liebte und als Grieche und noch mehr als Athener die Frauen regelrecht verachtete, erklärt in seinem Timaios (90^e), daß ein Mann, der ungerecht und feige war, bei der Wiederholung seines Erdenlebens Frau werden wird. Das impliziert, daß eine Frau, welche sich anständig, das heißt platonisch benimmt, in einem folgenden Leben wieder Mann werden darf. PHILO VON ALEXANDRIEN († ca. 50 nach Christi Geburt) und die katholischen Väter übernehmen die Lehre der Reinkarnation nicht, sind aber der Auffassung, daß der Verstand männlich, das Gefühl aber typisch weiblich ist. Da ist das alttestamentliche Patriarchat mit dem griechischen Rationalismus seine ebenso notwendige wie verhängnisvolle Verbindung eingegangen: der Mann herrscht über die Frau, die Vernunft über das Gefühl, das Haupt über das Herz, Analyse über Intuition. Und darum sagt PHILO, daß das weibliche Geschlecht aufgegeben werden muß, indem man es ins männliche verändert (Quaestiones in Exodum 1,8). In seinem Gefolge sagt der christliche Enkratit JULIUS CASSIANUS VON ALEXANDRIEN, daß «die Seele, durch ihre Libido weiblich geworden, heruntergekommen ist in die Welt von Geburt und Tod».

Das meint auch Logion 114 des Thomasevangeliums. Gewiß, es wird die Auffassung abgewiesen, daß die Frau nicht dazu gehört und nicht zum kirchlichen Amt zugelassen werden soll. Gewiß, die Frau soll wie der Mann das Männliche aufheben und Geist werden, so daß beide, Mann und Frau, endlich einmal geistig und so Mensch werden. – Aber die Botschaft ist immerhin, daß die Frau Mann werden muß. Das Entgegengesetzte, das psychologisch gesehen ebenso wahr ist, wird nicht gesagt. Und man hat es nicht psychologisch, sondern sozial gedeutet. Und diese Ideologie hat die Unterdrückung der Frau – und des Gefühls, und des Herzens, und der Intuition – begründet.

Die Auffassung, daß die Frau Mann werden muß, findet sich nämlich sehr oft bei katholischen Autoren aramäischer, griechischer und lateinischer Sprache.[10] So sagt eine ägyptische Nonne namens Sara zu Mönchen: «Ich bin ein Mann, Ihr seid es, die Weiber seid.» Sehr charakteristisch ist TERTULLIAN, einer der wenigen Kirchenväter, welche verheiratet waren. In seiner Abhandlung ‹Über den Schmuck der Frauen› (1,2) sagt er: «Euch Frauen wird auch die Natur der Engel verheißen, indem Ihr dasselbe Geschlecht wie die Männer bekommt.» Und er brüstet sich den valentinianischen Gnostikern gegenüber, daß er sogar im ewigen Leben nicht seines männlichen Geschlechts beraubt sein wird: quem et tunc masculum invenient (Adv.Val.32).

Nur ganz wenige Frauen haben im Altertum geschrieben. Und noch weniger sind es, deren Schriften erhalten sind. Indessen – wie wissen wir das? Kann nicht jede anonyme oder pseudepigraphische Schrift von einer Frau verfaßt worden sein? Besonders die Schriften der frauenfreundlichen Gnosis können das sein. Ich wenigstens kann mir nicht vorstellen, daß das Evangelium der Maria Magdalena aus der Feder eines Mannes geflossen ist:

> Darauf fing Maria an zu weinen und sprach zu Petrus: «Mein Bruder Petrus, was glaubst du denn? Glaubst du, ich habe das selbst ersonnen in meinem Herzen oder ich lüge über den Erlöser?»[11]

In der vorchristlichen, jüdischen Schrift ‹Der Donner, das vollständige Bewußtsein› proklamiert die Weisheit:

> Ich bin die Erste und ich bin die Letzte,
> ich bin die Verehrte und ich bin die Verachtete,
> ich bin die Hure und ich bin die Heilige,
> ich bin die Frau und ich bin die Magd,
> ich bin die Mutter und ich bin die Tochter usw. usw.[12]

Nur eine Frau kann so tiefschürfend das Wesen der Frau zum Ausdruck bringen. Und wir haben in der Tat ekstatische Konfessionen von Frauen, in welchen sie das Erlebnis ihrer unbewußten männlichen

---

[10] ANTOINE GUILLAUMONT: Le célibat monastique. In: La Tradizione dell'Enkrateia. Roma 1985, 95.

[11] GEORGE W. MACRAE and R. MCL. WILSON: The Gospel of Mary. In: ROBINSON: Nag Hammadi, 473.

[12] DOUGLAS M. PARROT: The Thunder, Perfect Mind. In: ROBINSON: Nag Hammadi, 271f.

Seite verraten. Eine wohlhabende christliche Frau und Mutter von zweiundzwanzig Jahren namens Perpetua wird 203 mit anderen Christen gefangengenommen und wegen ihrer christlichen Religion zum Tode im Tierkampf verurteilt. Im Gefängnis schaut sie dann Visionen, welche sie in einem entzückenden, unrhetorischen Frauenlatein beschrieben hat. Da schaut sie, sie befinde sich schon im Zirkus und bereite sich auf den Kampf vor. Sie schreibt dann: ich wurde entkleidet und bin ein Mann geworden: et expoliata sum et facta sum masculus (7). MARIE-LOUISE VON FRANZ, von JUNG angeregt, ist meines Wissens die einzige, welche die psychologische Bedeutung dieser Worte gesehen hat.[13] Da wird, so scheint mir, eine Frau sich ihres Animus bewußt. Und daß das nicht, oder nicht nur, eine Reminiszenz an das Thomasevangelium, oder auch an das Ägypterevangelium war, zeigt die Wortwahl: fact<u>a</u> (femininum) sum mascul<u>us</u> (masculinum). Da sollte diese wohlerzogene Frau gesagt haben: facta sum mascula. Sie sagt aber: facta sum masculus. Das ist nun, wenn man das so sagen darf: a Jungian slip.

Perpetua gehörte zur strengen Sekte der Montanisten. Diese hatte das urchristliche, von der katholischen Kirche unterdrückte Amt des Propheten und der Prophetin bewahrt. Eine Prophetin ist eine Frau, welche in geistiger Verzückung der Gemeinde eine neue Offenbarung Gottes schenkt. So sagt denn eine dieser montanistischen Prophetinnen: «Der Herr hat mich geschickt gezwungen, wollend und nicht wollend, die Gnosis Gottes zu vernehmen» (EPIPHANIUS, Panarion 48,13). Da benutzt diese Frau wieder die männliche Beugung: ‹thelonta› statt ‹thelousan›. So verrät sie unbewußt ihren Animus. Die Montanisten haben daraus keine Konsequenzen für die Emanzipation der Frau gezogen, soweit wir wissen. Anders war es bei den Enkratiten. Für sie war die Scheidung der Ehe das höchste Gebot der christlichen Ethik, was natürlich auch effektiv eine Befreiung der Frau war, insofern als die Inititative jetzt von der Frau ausging. Das war im Alten Testament nicht möglich. In den apokryphen und enkratitischen Andreasakten (40) wird es der Frau ermöglicht, nach ihrer Scheidung und durch ihre Scheidung sich mit ihrem ‹inneren Mann› – tōi esō andri, wie es griechisch heißt – zu vermählen. Das läßt sich doch psychologisch nur so erklären, daß die christliche Frau ihren Animus erlebte, denn sonst hätte sie solche Geschichten nicht geschätzt.

---

[13] MARIE-LOUISE VON FRANZ: Die Passio Perpetuae. Versuch einer psychologischen Deutung. In: CARL GUSTAV JUNG: Aion. Untersuchungen zur Symbolgeschichte. Zürich 1951, 408 und 470–76.

V

Solche Erfahrungen brauchten nun gar nicht zur Verwerfung der Sexualität und Entwertung des Weiblichen zu führen. Das zeigen die Dokumente der valentinianischen Gnosis. VALENTINUS wurde etwa um 100 in Parala, am Strande des Nildeltas, als Grieche geboren. Er war der größte aller Gnostiker. Und er muß auch ‹a great lover› gewesen sein. Seine Anhänger waren empfänglich für weibliche Schönheit: ein gewisser Ptolemaeus schreibt einen Brief an seine «schöne Schwester Flora» und führt sie in die esoterischen Geheimnisse ein. Ein Ehemann erwähnt in der Grabschrift seiner Frau, in Rom gefunden, seine «liebe Bettgenossin» Flavia Sophé. Bei den Valentinianern konnte eine Frau die Eucharistie auftragen. Sie sagten:

> «Wer in der Welt ist und nicht eine Frau geliebt hat, so daß sie eins geworden sind, ist nicht aus der Wahrheit (hat keinen Geist) und kennt die Wahrheit nicht» (IRENAEUS, Adversus haereses 1, 6, 4).

Man kann das auch umdrehen: «Wer in der Welt ist und nicht einen Mann geliebt hat, so daß die beiden eins geworden sind, hat keinen Geist und kennt die Wahrheit nicht». Da wird behauptet, sexuelle Erfahrungen seien förderlich für das Leben des Geistes. Das ist ganz einmalig in der Geschichte des Christentums.

Diese Gnostiker begrüßten die Ehe als Abbild der geistigen Ehe zwischen Christus und Sophia, wie CLEMENS VON ALEXANDRIEN mit so vielen Worten mitteilt (Strom. III, 1, 1). Sie waren Gurus, welche den Frauen versicherten, sie hätten ein tiefes Selbst. Das hatten die Frauen noch nie gehört. In großer Zahl bekannten sie sich zu dieser Gnosis. Sie waren sich bewußt, daß die Syzygie, die Coniunctio, die Androgynie, welche das ganze System durchzog, keine Unterordnung der Frau, sondern Gleichheit und Eigenständigkeit bedeutete, weil das Männliche und das Weibliche auf jeder Ebene sich ergänzten und eine Ganzheit bildeten. Sie pflegten zu sagen, daß man zu allen Zeiten das Mysterium Coniunctionis meditieren und praktizieren sollte (IRENAEUS, Adversus haereses 1, 6, 4). Coniunctio bedeutet da sowohl geschlechtliche Vereinigung wie Wiederherstellung der ursprünglichen Androgynie.

Das wird bestätigt vom neugefundenen Philippusevangelium, das etwa 225 nach Christus in Antiochien in Syrien von einem valentinianischen Gnostiker verfaßt wurde.[14] Es enthält Sentenzen und Beobachtungen, welche dann und wann sehr geistreich sind:

> Ein Esel, der einen Mühlstein drehte, legte hundert Meilen zu Fuß zurück. Als er losgemacht wurde, fand er, daß er noch an demselben Platz war. Es gibt Menschen, die viele Wegstrecken zurücklegen, ohne ihrem Ziel einen Schritt näher zu kommen (52).

So sagt HORAZ:

> Caelum non animum mutant qui trans mare currunt.[15]

Besonders deutlich wird hier, daß das eigentliche Anliegen dieser Gnosis darin besteht, daß der Mensch mit seinem Schutzengel, das heißt das Ich mit dem Selbst, verbunden wird. Und zwar empfängt der Mann einen weiblichen Engel und die Frau einen männlichen Engel (61). Das ist das eigentliche Mysterium Coniunctionis, das sich in einem eigenen Sakrament, dem Sakrament des Brautgemachs, vollzieht. Deshalb heißt es:

> Groß ist das Mysterium der Ehe. Ohne sie würde die Welt nicht bestehen. Der Mensch gibt der Welt Beständigkeit und die Ehe dem Menschen. Erkennet die unbefleckte Gemeinschaft (von Ich und Selbst), denn sie hat große Macht. Die befleckte Gemeinschaft ist davon ein Abbild (60).

Hier wird der archetypische, geistige Hintergrund der geschlechtlichen Vereinigung deutlich sichtbar. Die leibliche Ehe ist Abbild des Mysterium Coniunctionis.

Wie ist es dann möglich, daß die Paarung trotzdem als eine Besudelung empfunden wird? Das zeigt nun, daß der damalige Christ sich von der Ansicht nicht ganz hat befreien können, daß der Beischlaf den Mann, nicht etwa die Frau, besudelt. Er las ja in der Apokalypse des Johannes: «Diese (144'000) sind es, welche sich mit Frauen nicht besudelt haben: denn sie sind Mägde» (14,4).

Man muß dafür historisches Verständnis haben. JACOB BOEHME, der Gnostiker der Neuzeit, hat die Androgynie, die Einheit der Gegensätze

---

[14] ROBINSON: Nag Hammadi, 131–151. – WALTER TILL: Das Evangelium nach Philippos. Berlin 1963.

[15] Den Himmelsstrich, nicht ihren Geist ändern die, welche über das Meer segeln.

und so die Gleichheit von Mann und Frau, neu entdeckt und sie mit der urbildlichen Ehe von Gott und seiner Weisheit begründet: «Adam war ein Mann und auch eine Frau.» Und doch kann er einmal sagen, daß Christus die weibliche Tinktur (das weibliche Wesen) in die männliche Tinktur (das männliche Wesen) wandelte, genau wie im Thomasevangelium.

Der Gnostiker WOLFGANG AMADEUS MOZART läßt den ungebändigten, unverschämt männlichen Naturmenschen Papageno zusammen mit der geistreichen Prinzessin Pamina, der Tochter der Isis, deren schwarzdurchwebten Schleier noch keiner hat heben können – MOZART läßt diese beiden singen:

Beide: Wir wollen uns der Liebe freun.
Wir leben durch die Lieb' allein.

Pamina: Die Lieb' versüßet jede Plage,
Ihr opfert jede Kreatur.

Papageno: Sie würzet unsre Lebenstage,
Sie wirkt im Kreise der Natur.

Beide: Ihr hoher Zweck zeigt deutlich an,
Nichts Edlers sei als Weib und Mann.
Mann und Weib und Weib und Mann
Reichen an die Gottheit an.

Im Lichte der pansophischen Tradition, welche seit BOEHME die Androgynie lehrte, und im Lichte der hermetischen Gnosis, welche dasselbe verkündete und den Freimaurern MOZART und SCHIKANEDER vertraut war, muß man das so deuten, daß die gegenseitige Liebe von zwei Menschen deshalb an die göttliche Liebe reicht, weil Gott und die Sophia auch ewig ihre himmlische Hochzeit feiern. Die Androgynie, das zukünftige Ideal der kommenden Menschheit, ist hier klar erkannt. Und trotzdem enthält die ‹Zauberflöte› haarsträubende Biertischbemerkungen über die Frau. Da sagt etwa der achtbare Meister der Loge, Sarastro:

Ein Mann muß Eure Herzen leiten,
Denn ohne ihn pflegt jedes Weib
Aus seinem Wirkungskreis zu schreiten.

Und der Sprecher und der zweite Priester der versammelten Freimaurer raten sogar:

Bewahret euch vor Weibertücken:
Dies ist des Bundes erste Pflicht!

Es fällt uns Männern eben nicht leicht, unsere natürliche Superiorität zu verbergen. Why cannot a woman be like a man? Wir Männer sind alle mehr oder wenig König Drosselbart. CARL GUSTAV JUNG sollte uns aber lehren, daß der Mann dem Weib nicht übergeordnet ist, sondern daß die Frau dem Mann ebenbürtig ist, eben weil JUNG in seinem Sprechzimmer klinisch und experimentell die psychologische Wirklichkeit von Anima und Animus festgestellt hat. Das neugefundene Material des Altertums bestätigt seine Theorie.

Man wirft ihm heute vor, er habe sich dann und wann kritisch über den Animus der Frau geäußert. Es ist wahr, er war ein Mann. Allerdings war er auch nicht gerade schmeichelhaft, wenn er die Anima des Mannes darstellte. Im Prinzip aber hat er die Ebenbürtigkeit beider Geschlechter anerkannt. Deshalb gedenken wir heute mit Dankbarkeit dieses sonnigen und diffizilen Menschen, der durch seine ebenso wissenschaftlichen wie originellen Entdeckungen Tausenden und Abertausenden von Männern und Frauen geholfen hat, sich selbst etwas besser zu verstehen und so die Schrecken des technokratischen Zeitalters und die tragischen Aspekte der Existenz zu überleben.

Literatur

ANTOINE GUILLAUMONT, GILLES QUISPEL u. a. (Hrsg.): Evangelium nach Thomas. Koptische Texte und Übersetzung. Leiden 1959.

GILLES QUISPEL: Makarius, das Thomasevangelium und das Lied von der Perle. Leiden 1967.

GILLES QUISPEL: Tatian and the Gospel of Thomas. Studies in the History of the Western Diatessaron. Leiden 1975.

JAMES M. ROBINSON (Ed.): The Nag Hammadi Library in English. Leiden 1977 (alle Texte übersetzt).

Vortrag an der C. G. Jung-Gedenkfeier am 6. Juni 1989 in Zürich. – Ich habe darin Gedanken meiner Schüler APRIL DE CONINCK und BOUDEWIJN KOOLE verarbeitet.

Prof. Dr. Gilles Quispel, Noord Houdringelaan 32, 3722 BR Bilthoven, Niederlande

Androgyne Gottheit zwischen zwei Schlangen.
Der Frau entspricht die Mondnatur, dem Mann die Sonne.

Spätbabylonische Gemme

Anne Maguire

Der Sturmvogel des Geistes in einer seelenlosen Welt

Die an der Ostküste Afrikas gelegene Stadt Mombasa besitzt einen tiefen, natürlichen Hafen, genannt Kilindini, ‹der tiefe Platz›. Hoch über der Stadt, in völliger Abgeschiedenheit, thront die alte Festung Fort Jesus. Sie wurde vor ungefähr 400 Jahren, am Ende des 16. Jahrhunderts, von den weit herumstreifenden Portugiesen erbaut.

Vor ungefähr einem Jahrzehnt besuchte ich diese Festung mit ihrem Ausblick weit über den blauen Indischen Ozean, wo tief unten, gleich weißen Schmetterlingen, einige arabische Küstenboote auf dem klaren Wasser trieben. Zuerst schien es mir, als gäbe es auf diesem verlassenen Platz keinerlei Zeichen von Leben. Die mit krümeligen, gräulich-weißen Flechten bedeckten Zinnen enthielten nur alte, gegen das Meer hin gerichtete Kanonen. Die ganze Festung war umgeben von einer tiefen Stille. Man hörte nur das sanfte Stöhnen des vom Meer herkommenden, unaufhörlich blasenden Windes. Es herrschte eine gespannte Stimmung, wie wenn ein Eindringling vom Meer her erwartet würde. Dann sah ich plötzlich, daß es an diesem öden und verlassenen Ort doch noch Leben gab. In einer Ecke des Mauerwerks, zwischen dem Boden und der Wand der Festung, stand einsam, ganz für sich allein, eine recht große, stämmige Zyklade. Es schien, als wachse der Baum direkt aus dem Stein, ohne irgendwelche ersichtliche Nahrungsquelle. *Cycadaceaen* gehören einer extrem alten Gattung an, sie besitzen Merkmale von Koniferen und Palmen. Fossile Reste stammen aus dem 300 Millionen Jahre zurückliegenden Devon. Dieser prähistorische Baum hier war stark und gesund. Mit seinen glänzenden Blättern von lebhaft dunkelgrüner Farbe hob er sich deutlich von der grau-weißen Mauer ab.

Mombasa war dank seines natürlichen Hafens während Jahrhunderten einer der wichtigsten Zugänge zum dunklen afrikanischen Kontinent. Wie ich so dastand, dachte ich an die Vielfalt der Menschen, die hier schon vorbeigekommen waren: Kaufleute, Sklavenhändler, Entdecker, Piraten, Glücksritter, Bürokraten, Einwanderer und die keineswegs wenigen, aber nicht minder gefährlichen christlichen Missionare. Ein endloser Strom von Eindringlingen, der unzweifelhaft als dünnes Rinnsal begann, sich schließlich aber, zur wilden Flut geworden und sich überall verzweigend, über den ganzen Kontinent ergoß. Er umfaßte die weißen Gesichter des Christentums, vermischte sich mit der braunen Haut des Islams und der Hinduvölker. Getrennt und vereint zerbrachen und zerstörten sie in der Folge die archaischen Stammessysteme und den religiösen Glauben der eingeborenen Afrikaner. Der eindringende fremde Geist war rational, aufdringlich und durchdringend. Er war auch abenteuerlich und wissensdurstig, brachte aber gleichzeitig, begehrlich und raubgierig, den üblen Geruch von Plünderung und einen tiefverborgenen Furor mit sich.

****

Vor gut 60 Jahren, im Jahr 1925, reiste auch C. G. JUNG durch dieses Tor von Mombasa nach Afrika.[1] Er unternahm diese historische und bedeutsame Reise, wie er glaubte, einzig zur Erforschung des Geistes der Primitiven. Doch während dieser Reise entdeckte er den Mythos des Menschen, der dann zum Zentrum seines Lebenswerkes wurde. Immer und immer wieder betonte er, daß die größte Furcht des primitiven Menschen in der Angst bestehe, seine Seele zu verlieren und besessen zu werden. Seelenverlust oder Besessenheit sind, in unserer Sprache ausgedrückt, gleichbedeutend mit dem Erleiden einer psychischen Dissoziation.

Der archaische Mensch lebte noch in Übereinstimmung mit der natürlichen Welt, wo jeder Baum, jede Quelle oder Höhle ihren eigenen Geist besaß. Der Anthropologe LÉVI-BRUHL umschrieb diese Erscheinung mit dem Begriff ‹participation mystique›.[2] In diesem Zustand ist der Mensch teilweise identisch mit dem wahrgenommenen Objekt. Im primitiven Glauben existieren nur kollektive Beziehungen, es gibt kein Konzept für das Individuum. Deshalb schließt eine solche Haltung das Verständnis einer Psychologie aus, die anders ist als die eigene, ein so geprägter Geist lebt nur in Projektionen. Der Begriff des Individuums ist eine Neuentwicklung in der Geschichte des menschlichen Geistes.

---

[1] Erinnerungen, Träume, Gedanken von C. G. Jung. Aufgezeichnet und hrsg. von Aniela Jaffé. Zürich und Stuttgart 1962, 257.
[2] LUCIEN LÉVI-BRUHL: How Primitives Think. Trans. Lilian Clare, London 1926.

Als der Mensch langsam seiner Ununterschiedenheit mit der äußeren Welt gewahr wurde, fiel der Zustand der ‹participation mystique› weg, und gleich einer Insel, die aus dem Meer aufsteigt, wurde das Bewußtsein über eine Spanne von Tausenden von Jahren allmählich aus der unbewußten Prä-Existenz geboren. Ein Bewußtsein, das in der Folge zum wertvollsten Besitz des Menschen wurde. Auf Grund dieser Entstehungsweise und wegen seiner Natur ist es den Angriffen des Unbewußten selber ausgesetzt. Deshalb ist die gegenseitige Beziehung der beiden stets einem Ungleichgewicht unterworfen, das schon durch irgendeine Emotion herbeigeführt werden kann. Eine solche Störung kann sich kurzfristig nur für einen Moment auswirken, sie kann aber auch chronisch werden und sich über Jahrzehnte erstrekken. Wenn so etwas geschieht, sprechen wir von einer psychischen Dissoziation, dem von den Primitiven so sehr gefürchteten Seelenverlust. Entweder glaubt er, seine Seele sei ausgewandert oder eine fremde Seele oder ein böser Geist sei an ihre Stelle getreten und habe von ihm Besitz ergriffen. Seelenverlust ist ein allgemeines Phänomen. Sowohl ein einzelnes Individuum als auch eine ganze Nation kann davon befallen werden, wie in Sowjet-Rußland, wo dieser Zustand bereits über 70 Jahre andauert, und wie er für Deutschland bis zum Ende des Zweiten Weltkrieges bezeugt ist.

Die psychische Dissoziation, die zusammen mit dem Ichbewußtsein auch die intellektuelle Funktion abspaltet, ebnet den Weg für eine Identifikation des Bewußtseins mit der begleitenden Funktion. Das ist die Situation, in der sich heute die Welt befindet.

In ‹Antwort auf Hiob› weist JUNG darauf hin, wie Jesus zu Beginn unserer Zeitrechnung den damals bedrohten religiösen Zusammenhang rettete, indem er die Beziehung der Menschheit zu Gott aufrechterhielt und diese dadurch vor dem Verlorengehen ins rationale Bewußtsein bewahrte. JUNG schreibt: «Das hätte soviel wie eine Dissoziation zwischen dem Bewußtsein und dem Unbewußten bedeutet, also einen unnatürlichen bzw. pathologischen Zustand, einen sogenannten ‹Seelenverlust›, von dem der Mensch seit Urzeit immer wieder bedroht ist. Immer wieder und in steigendem Maße gerät er in die Gefahr, die irrationalen Gegebenheiten und Notwendigkeiten seiner Psyche zu übersehen und sich einzubilden, mit Willen und Vernunft alles zu beherrschen und damit die Rechnung ohne den Wirt zu machen, was am deutlichsten bei den großen sozialpolitischen Bestrebungen, wie Sozialismus und Kommunismus zu sehen ist: unter ersterem leidet der Staat und unter letzterem der Mensch.»[3] In seinen Ausführungen über den rationalen Intellekt in ‹Der Geist Mercurius› sagt JUNG: «Die Gestalt des Logos Christus hat im Menschen die anima rationalis auf eine Bedeutungshöhe gehoben, die unbedenklich ist, solange sie über sich den κύριος, den Herrn der Geister, weiß und ihm unterworfen ist.»[4]

Heute, Jahrzehnte nach JUNGS Untersuchungen über dieses ernste Problem, steckt der Mensch noch tiefer in der Gefahr, die einer Identifikation mit dem rationalen Intellekt innewohnt. Diese Erscheinung, ein Produkt unserer westlichen Zivilisation, fährt fort – wie ihre Erzeugnisse, die Weltraumraketen unserer Zeitepoche – sich immer noch höher in jene Sphären emporzuschwingen, wo die Sonne unserer Erde, Symbol unseres Bewußtseins, nicht mehr hinzudringen vermag. Doch damit dies gelang, mußten alle unnötigen Hindernisse, wie irrationale Gedanken, die Wahrnehmungen einer uns störenden Natur und die intuitiven Gefühle, über Bord geworfen werden.

Auf diese Weise wurde, als erstes Opfer, die ganze Welt der Natur in Gefahr gebracht. Die Erde selber wurde brutal mißhandelt. Die ehrfurchtsvolle Scheu, mit der sie früher, als Mutter Erde, noch betrachtet wurde, ist schon seit langem verschwunden. Ihre eigene Substanz, die Schätze in ihrem Innern, wurden rücksichtslos geplündert. Nukleare Explosionen rissen ihr inneres Wesen auseinander, was für Millionen ihrer Geschöpfe den sicheren Tod bedeutete. Ihre reichlichen Gaben wurden zurückgewiesen oder verschwendet, der Lauf ihrer Flüsse gestaut oder umgeleitet, was zu einer Vernichtung der Lebensbereiche verschiedener im Wasser lebender Tiere führte. Die großen Regenwälder wurden mit Hilfe dämonischer Kettensägen dezimiert oder der Verwüstung durch das Feuer preisgegeben. Und all das geschah und geschieht durch den Menschen.

Der weltweite Gebrauch chemischer Gifte gegen unerwünschte Pflanzen und gegen die entwicklungsgeschichtlich uralte Welt der Insekten verursachte eine Krankheit der Erdoberfläche, eine Krankheit des Bodens, die zu einem erschreckenden Ungleichgewicht führte. Bäume, deren Wurzeln tief in die Erde eindringen, wie die

---

[3] CARL GUSTAV JUNG: Antwort auf Hiob. Gesammelte Werke Bd. 11, Zürich und Stuttgart 1963, § 688.

[4] CARL GUSTAV JUNG: Der Geist Mercurius. GW 13, Olten und Freiburg i. Br. 1978, § 294.

Ulme, die Silberbirke und die Zypresse, um nur einige wenige zu nennen, sind überall am Sterben. Alles Opfer von Virus- und Pilzinfektionen, verursacht durch eine fehlgeleitete menschliche Rationalität und den Mangel an irrationaler Intuition. Wenn ein gesunder Baum stirbt, stirbt mit ihm auch eine ganze Welt voller Harmonie, weil einer Myriade von Geschöpfen in der Luft, auf dem Boden und in der Erde die Lebensgrundlage entzogen wird. Wird all das millionen- und millionenfach wiederholt, ist der nicht wieder gutzumachende Schaden für den Boden selber und für den Sauerstoffgehalt der Luft unermeßlich.

Auch den auf dem Boden lebenden Geschöpfen, abgesehen vom Menschen, geht es nicht besser. Viele Landtiere sind vom Aussterben bedroht, weil sie ihren Lebensraum verloren haben. Oder sie fallen, aus was für Gründen auch immer, dem Gewehr zum Opfer, wie die Vögel der Luft. Allein in Südeuropa werden jeden Herbst neunhundert Millionen Zugvögel (die nur ihrem Instinkt folgen) hauptsächlich aus sportlichen Gründen abgeschossen oder gefangen.

Die riesigen Tierherden Afrikas, die Jung vor 60 Jahren noch gesehen hat, mit den Köpfen nickend, grasend, sich vermehrend, wurden in großer Zahl grausam getötet, einige Arten stehen vor dem Aussterben.

Die Geschöpfe des Meeres stehen ebenfalls unter dem Einfluß von Schadstoffen, von auslaufendem Öl, nuklearen Abfällen, von riesigen modernen Schleppnetzen und den teuflischen Explosivharpunen. Keine Kreatur wird verschont von diesem direkten oder indirekten mutwilligen Gemetzel, dieser Verbindung von Unbewußtheit und Gier. Vom mächtigen Elefanten, der seines Elfenbeins wegen einer grausamen Vernichtung ausgesetzt ist, bis hin zum kleinsten Insekt, das sein ganzes Leben auf der Rippe eines Blattes verbringt. Eine solch tiefe Mißachtung der natürlichen Lebensrechte übertrifft die eigene Unbarmherzigkeit der Natur bei weitem.

Die Identifikation mit dem rationalen Intellekt führte im menschlichen Bereich, sowohl bei Männern wie bei Frauen, zu einer Abtrennung vom Instinkt und vom natürlichen Gesetz des Weiblichen. Eros, das weibliche Prinzip, bedeutet eher Bezogenheit als Liebe, denn es umfaßt beides, Liebe und Haß. Obwohl der Eros die Haupttriebfeder der Frau ist, funktioniert er auch im Mann als seine unbewußte Persönlichkeit im Bereich seiner Anima, seiner weiblichen Seele. Von der

Natur seiner Anima und von der Art, wie er sie behandelt, hängt seine Haltung gegenüber der inneren Welt ab. Sie bestimmt jedoch auch seine äußeren Beziehungen und letztlich auch die Zukunft der Menschheit.

Wo das Denken sich um die Vorherrschaft bemüht, muß der rationale Geist das Gefühl verdrängen. Der Intellekt mit seinem forschenden wissenschaftlichen Geist hat die Welt erobert und scheinbar befreit, wurde aber dadurch zu seinem eigenen Gefangenen, in die Falle gelockt durch einen verleumdeten und im Stich gelassenen, irrationalen Eros. Damit ist der negative Eros zum Herrscher geworden. Dieser traurige Sachverhalt läßt sich überall beobachten. Das ist der wesentliche Kern des Ursprungs dieser schweren, vielleicht sogar tödlich verlaufenden psychischen Krankheit, an der die Menschheit leidet. Denn es ist wirklich eine Besessenheit. Ich möchte Sie nicht länger mit den mannigfaltigen Symptomen dieser weltweiten Krankheit belasten, die mit etwas Umsicht auch in den täglichen Ereignissen unseres Lebens leicht erkennbar sind.

In der äußeren Wirklichkeit spiegelt sich die psychische Dissoziation in der durch endlose und weltweite Konflikte verursachten zunehmenden Isolation, in den unaufhörlichen Zänkereien auf lokaler, nationaler und internationaler Ebene, in den tiefen, überall einen mörderischen Zorn erzeugenden Streitigkeiten und in der gewohnheitsmässigen Verleumdung des ‹andern›. Dazu kommt noch die allgegenwärtige Angst, ausgelöst durch die Gefahr einer moralischen Verharmlosung des kollektiven Schattens. Niemand ist sicher, weder ein einzelnes Land noch eine besondere Rasse ist davon ausgenommen. Überall stehen Brüder gegen Brüder, und die Wirklichkeit der Lebensart des andern wird verworfen. Auf der ganzen Welt werden Millionen von Menschen versklavt, viele verschwinden spurlos oder werden aus verschiedenen Gründen gefangen, gefoltert und hingerichtet. Das alles geschieht hauptsächlich aus religiösem Fanatismus oder politischem Idealismus, beides Symptome eines verdeckten Wahnsinns. Es sind Manifestationen des allgemein unerkannten, wütenden seelischen Sturms im kollektiven Unbewußten. Zugleich sind sie Beweis für die zunehmende Entmenschlichung des Menschen. Bei dieser gefühlskalten Ablehnung der Gültigkeit des individuellen Lebensweges findet der Eros keinen Platz mehr. Der Sturmvogel hat ihn, zusammen mit seiner für die Beziehung so notwendigen Dynamik, hinweggefegt. Er wird nur im Individuum wieder gefunden, das den Mut aufbringt, sich seiner inneren Welt zuzuwenden. Diese

Hinwendung stellt an sich schon einen Akt der Liebe dar. So kann es dem Menschen möglicherweise gelingen, sowohl die individuelle Natur seiner Mitmenschen als auch das von Gott allen nichtmenschlichen Wesen gegebene, durch die Überbevölkerung des homo sapiens aber schwer bedrohte Recht auf Leben wieder anzuerkennen.

Durch die unglaublichen Fortschritte der medizinischen Wissenschaft wird das menschliche Leben heute in einem noch nie dagewesenen Masse geschützt und verlängert. Sollte der Mensch weiterhin dieser immensen Gefahr gegenüber unbewußt bleiben, kann es geschehen, daß der Geist, in der Weisheit seiner zutiefst weiblichen Natur, auf verblüffend einfache Weise sich erfolgreich der Sache annimmt.

Nirgends kommt das klarer zum Ausdruck als in Afrika. Durch dieses Tor, bewacht durch die jetzt verlassene Festung, kamen seit ungefähr dreihundert Jahren Männer und Frauen des christlichen Glaubens und brachten einen besonderen Geist mit sich. Nach JUNG ist das Christusbild zu licht, zu einseitig geistig und gut, es ermangelt der Ganzheit, weil es besonders die Nachtseite der Dinge, in der Form eines luziferischen Gegenspielers, ausschließt.[5] Der Druck auf die Stammeskulturen des Kontinents und die darauffolgende Überlagerung durch den neuen Geist erfolgten in relativ kurzer Zeit. Zweifellos erwuchs daraus auch Gutes, aber für den Afrikaner führte diese Entwicklung auch zu einer Zerstörung seiner Verbindung mit den Ahnen und seiner Beziehung zur eigenen Erde. Außerdem war es für ihn unmöglich, in der kurzen Zeitspanne, bis die Europäer anfingen, alle Teile Afrikas, außer dem Süden, wieder zu verlassen, die Erfahrungen mit dem Christentum genügend zu vertiefen. Wegen ihrer fremdartigen Natur, vor allem aber, weil sie nie verstanden worden war, befand sich die übernommene Kultur in ständiger Gefahr, wieder überflutet zu werden.

Heute ist Afrika ein brodelnder Kessel von Splittergruppen, die alle um ihre Vormachtstellung kämpfen. Die religiöse Inbrunst hat sich gewandelt, und der über den Kontinent hinwegfegende Sturm bewirkte, daß das Christentum in einigen Gegenden fallengelassen wurde wie ein alter Baumwollrock, zugunsten des Animismus und der alten Götter. In einigen Gegenden ist der Kontinent noch vom Christentum beeinflußt, in andern mehr vom Halbmond des Islams. In den

---

[5] CARL GUSTAV JUNG: Aion. Beiträge zur Symbolik des Selbst. GW 9/II, Olten und Freiburg i. Br. 1976, § 74.

allermeisten Gebieten jedoch ist Afrika durch das Kalashnikov-Gewehr, jenes verlängerten Arms der Sowjet-Macht, verändert worden, das in den Händen der sogenannten Guerillakämpfer schon in jede Ecke der Welt eingedrungen ist. Begleitet von den schrillen Tönen einer hysterischen Demagogie nimmt der heimtückische, traditionelle ‹Muti› überhand, der äußerst grausam ist.[6] Von Zeit zu Zeit bricht dieser psychische Sturm los, und dann geschehen jene schrecklichen Katastrophen wie in Kenya, Zaire, Nigeria und Uganda, um nur einige wenige der jüngsten Zeit zu nennen.

Es gibt aber einen noch größeren Feind, gegen den sich Afrika behaupten muß. Es ist die wuchernde Dynamik der winzig kleinen Viruspartikel, die der Bevölkerung Afrikas ‹Slim› gebracht haben, mit dem medizinischen Namen ‹Acquired Immune Deficiency Syndrome›. Diese Krankheit hat sich mit erschreckender Schnelligkeit ausgebreitet, Millionen sind ‹Slim› schon erlegen und Millionen werden mit Sicherheit unter Leiden und tiefer Verzweiflung folgen. Obwohl das AIDS-Virus mehr oder weniger gleichzeitig in Frankreich und den USA, um 1983/84, entdeckt worden war, zeigte sich die Krankheit schon ungefähr ein Jahr früher. Deutliche Anzeichen weisen auf ihren wahrscheinlichen Ursprung in Afrika und ihre Ausbreitung über die Karibischen Inseln hin. Es scheint, daß diese schreckliche Krankheit in erster Linie bei homo- und heterosexueller Prostitution auftritt, einer sexuellen Vereinigung ohne Eros.

Nach JUNG war die in Afrika vorgefundene Polygamie für die christlichen Missionare schon immer ein Stein des Anstoßes, und mit dem gewohnten Eifer wurde sie von ihnen in Uganda um die Jahrhundertwende abgeschafft. Für die sich in der Folge ausbreitende Prostitution mußte die Regierung in Uganda allein für antivenerische Maßnahmen die für jene Zeit horrende Summe von 20 000 Pfund jährlich aufbringen.[7] Es konnte von jenen wohlmeinenden Christen zu jener Zeit nicht vorausgesehen werden, daß die daraus resultierende, in Afrika so weitverbreitete Prostitution zum Vehikel der verheerenden Ausbreitung dieser neuen schweren Krankheit wurde, mit der nun die ganze Menschheit konfrontiert ist. Wenn ein AIDS-Virus in eine Zelle eindringt, besetzt es diese und zerstört sie. Diese Zerstörung ist so schwerwiegend, daß der Körper unfähig wird sich zu verteidigen und

---

[6] ‹Muti› = ‹Mörder›, Führer einer organisierten Gruppe von Aufständischen.

[7] CARL GUSTAV JUNG: Das Seelenproblem des modernen Menschen. GW 10, Olten und Freiburg i. Br. 1974, § 185.

daran zugrunde geht. Viele Aspekte dieser mysteriösen Krankheit sind bis heute noch unerforscht.

Und doch scheint es, daß es sich bei dieser mit keiner andern vergleichbaren tödlichen Krankheit um das somatische Gegenstück des Phänomens der psychischen Besessenheit handelt. Das Auftreten dieser so verheerenden weltweiten Epidemie in unserem Jahrhundert, das so offenkundig mit dem Verlust der Seele zusammenfällt, kann als ein synchronistisches Ereignis verstanden werden. Afrika zeigt uns deutlich die Katastrophe, zu welcher die Einführung des rationalen Intellekts geführt hat. Bei seinem Versuch, alles Dunkle und Irrationale zu unterdrücken, wurde das instinktive und religiöse Stammesleben zerstört. Wenn eine ganze Nation einen Seelenverlust erleidet, ist es gerechtfertigt, von einer Maßenpsychose zu sprechen. Sie stellt die unbewußte Kompensation einer falschen kollektiven Bewußtseinshaltung dar.

Immer wieder konnte ich in meiner Praxis die Beobachtung machen, daß dann, wenn ein psychisches Problem nicht gesehen werden will oder unbewußt ist, das Ordnungsprinzip des Geistes körperliche Veränderungen zu bewirken scheint, die dem Individuum anzeigen sollen, daß es von seiner Ganzheit abgewichen ist. Jede Krankheit enthält einen verborgenen psychischen Inhalt, der für den Individuationsprozeß des Einzelnen wesentlich ist. Sie dauert oder schädigt den Betroffenen so lange, bis er sich über diese Abweichung bewußt geworden ist. Wird er sich darüber nicht bewußt, kann die Krankheit zum Tod führen, denn die Natur kennt kein Mitgefühl. Meiner Ansicht nach ist jedes dieser beiden schwerwiegenden Phänomene, die heute über die Welt hereingebrochen sind – gleichwertig in ihrer potentiellen Krankhaftigkeit – eine Spiegelung des andern. Es scheint, daß der Geist in weltweitem Umfang versucht, das durch den allgemeinen Seelenverlust verursachte Ungleichgewicht über die Materie wieder zu berichtigen.

****

Die einsame und verlassene Festung aus Stein hoch über dem Kilindini war zu ihrer Zeit ein Bollwerk zum Schutz gegen einen vom Meer her kommenden Feind. Die Zeit hat manches geändert, vor allem auch die Reisegewohnheiten. Das Meer hat seine Vorrangstellung zugunsten der Luft eingebüßt. Das Fort Jesus zerfiel zu einer Ruine, schuf aber gerade dadurch aus der wichtigsten Essenz seines Lebens, aus dem Stein, einen Platz für die Geburt dieses prä-historischen Baumes.

Die Alchemisten wählten für ihr Gottesbild das Symbol des Steins, weil er das Prinzip der Materie hervorhebt. Nach JUNG sind «die göttlichen Attribute des lapis dermaßen aufdringlich – incorruptibilis, permanens, divinus, trinus et unus usw. –, daß man wohl nicht umhin kann, ihn als den deus absconditus in materia, das heißt als den Gott des Makrokosmos zu verstehen.»[8]

Im 16. Jahrhundert, ungefähr zur Zeit, als die Festung erbaut wurde, formulierte KHUNRATH zum erstenmal «die ‹theologische› Stellung des Lapis».[9] Er glaubte, dieser sei der Sohn des Universums (filius macrocosmi), im Gegensatz zu Christus, der als Menschensohn (filius microcosmi) bezeichnet wurde. «Dieses Bild des ‹Sohnes der großen Welt› zeigt deutlich an, von welcher Instanz es herstammt: es kommt nicht aus dem bewußten Geiste des individuellen Menschen, sondern aus jenen psychischen Grenzgebieten, die in das Geheimnis der Weltmaterie münden.»[10]

Als Symbol des ewigen Geistes ist der grünende prä-historische Baum auch der Geist des Steines, der Geist des verborgenen Gottes, und als Erlöser der ‹Sohn der großen Welt›. Das erinnert mich an JUNGS eindrückliche Worte:

> «Und ein lebendiger Geist wächst und überwächst sogar seine eigenen alten Formen und sucht sich nach freier Wahl seine Menschen, die ihn verkünden und in denen er lebt. Neben diesem ewig erneuten Leben des Geistes, der auf vielfachen und unbegreiflichen Wegen durch die Geschichte der Menschheit sein Ziel sucht, wollen von Menschen festgehaltene Namen und Formen wenig sagen, sind sie doch nur die wechselnden Blätter und Blüten am selben Stamme des ewigen Baumes.»[11]

Dr. med. Anne Maguire, F.R.C.P. (London), 17 Wellington Street-St. John's, Blackburn, BB1 8AF, Großbritannien. Übersetzt von Hannelore Isler, Küsnacht.

---

8 CARL GUSTAV JUNG: Die Visionen des Zosimos. GW 13, § 127.
9 Ebenda.
10 Ebenda.
11 CARL GUSTAV JUNG: Über die Beziehung der Psychotherapie zur Seelsorge. GW 11, § 538.

Pedro Penteado Kujawski

Die Nago-Religion in Brasilien

Eine afrikanische Religion im Spiegel der Seele

In dieser Studie möchte ich einige grundlegende Ideen der afrikanischen Religion in Brasilien im Lichte der Jungschen Psychologie betrachten. Diese Anschauungen stammen in erster Linie aus dem religiösen System der Nago, üblicherweise bekannt unter dem Namen Candomblé, dessen historische Wurzeln hauptsächlich auf die Religion der Yoruba sowie teilweise auf jene der Jeje (Ewe) von Dahomey zurückgehen, wobei beide Völker aus Westafrika kommen.

Ich habe nicht die Absicht, eine vollständige Übersicht oder eine ins Einzelne gehende Beschreibung dieses Religionssystems zu geben. Ein solches Unterfangen ginge weit über mein Wissen und meine Fähigkeiten hinaus. Vielmehr habe ich im Sinn, einige zentrale Auffassungen dieser Religion zu diskutieren, die uns – wie ich hoffe – eine Vorstellung davon geben werden, wie der Nago die Welt sieht, wie er dem Unbekannten in ihr begegnet und welche Beziehung er zu den Geheimnissen des Lebens hat, von denen er eine überraschend klare Wahrnehmung zu haben scheint. Als nächstes soll ersichtlich werden, in welchem Ausmaß uns seine Einsichten wertvolle Hinweise zur Natur dieses Unbekannten geben können, das uns im Innersten berührt, nämlich die unbewußte, objektive Psyche.

Es war ein sehr persönlicher Anstoß, der mich dazu brachte, mich mit dieser Religion zu befassen: Er ergab sich aus der Notwendigkeit, das Auftauchen afrikanischer Symbole in meinen Träumen verstehen zu lernen. Solche Bilder haben mich in jungen Jahren tief berührt, und sie berühren mich heute noch. Wenn ich dem Beweggrund dieser Emotion nachgehe und versuche, die Natur dessen, was mich seither ergriffen hat, zu beschreiben, dann scheint es mir fast, als würde es in mir ein lebendiges Wesen, im wahrsten und ursprünglichsten Sinne des Wortes eine Seele geben, die sich selber in eben diesen Bildern darstellte. Es war etwas, das sich in ganz natürlicher und spontaner Übereinstimmung mit afrikanischen Rhythmen bewegte, etwas, das sich beim Anhören von afrikanischen Geschichten und Mythen ernährt fühlte und sich am Humor der afrikanischen Trickster-Erzählungen ergötzte. Was mich zuallerst in diese Arbeit getrieben hat, war mein Wunsch, sie näher kennenzulernen – diese afrikanische Seele – und sie gegenwärtiger und für meine Lebenswirklichkeit greifbarer zu machen. Ich wollte ihr Anerkennung verschaffen, weil sie so viel Farbe und Substanz in mein Leben gebracht hatte.

Meinen ersten bewußten Kontakt mit Elementen afrikanischer Kultur in Brasilien hatte ich durch die Musik. Meine damalige Lehrerin, Eunice Catunda, war initiiert worden und hatte sich danach in einem der wichtigsten Zentren der Nago-Kultur in Brasilien, dem *Axé Opô Afonjà* in Bahia, der Musikforschung gewidmet. Zu dieser Zeit hatte ich Träume, in denen ein kleiner schwarzer Knabe auftauchte, und sie begann deshalb, einige Rhythmen und Melodien afrikanischen Ursprungs in mein Musikstudium miteinzubeziehen, und sagte, diese seien für diesen Jungen. Auf diesem Weg begann zwischen mir und diesem Traumbild eine Art Dialog und eine Beziehung, die sich weiter entwickelte. Später, als sie mich dazu bewog, selber zu komponieren, kamen einige Musikstücke von spielerisch-leichtem Charakter zustande, gerade so, wie dieser Knabe mir in meinen Träumen erschienen war. Diese Musik war sozusagen seine Stimme. Diese Erfahrung war für mich sehr wichtig, denn es wurde mir zum ersten Mal klar, daß eine Traumfigur in einem ganz besonderen Sinn wirklich ist, nämlich als ein von der Psyche ausgehender Impuls, der angenommen und sichtbar gemacht werden, eine greifbare Form annehmen will, damit, wie man vielleicht sagen könnte, er sich im Leben inkarnieren kann.

Wie wir später sehen werden, ist diese Inkarnation – oder der Übergang von einem unerkannt vorhandenen Zustand im Jenseits in eine tatsächliche Verwirklichung in dieser Welt – ein häufiges Motiv in den Nago-Divinationstexten. Auch Musik ist für diesen Übergang ein wichtiger Vermittler und spielt in der Nago-Religion eine wesentliche Rolle. In dieser ist nämlich jeder Gott, nebst vielen anderen Merkmalen, durch ganz bestimmte Rhythmen und Gesänge charakterisiert. Solche musikalischen Formen, und ganz speziell deren rhythmische Konfigurationen, charakterisieren nicht nur die Gottheiten, sondern sie haben auch die Macht zu bewirken, daß diese auf der Erde erscheinen, indem sie deren Kommen aus dem Jenseits auslösen. Hierin sieht man die ursprüngliche Funktion der Musik als einer Brücke, eines Kommunikationsmittels zwischen den Göttern und den Menschen, zwischen der ‹anderen› Welt und der Erdenwirklichkeit.[1] Vergleicht man nun meine eigene Erfahrung mit jener der Nago, könnte man sagen, sie seien sich gleich und folgten demselben Grundmuster, in welchem die Musik zum Verständigungsmittel wird und Ausdruck von ‹etwas›, das jenseits des Bewußtseinsbereichs liegt. Für JUNG ist Musik Ausdruck für Bewegung, Entwicklung und Wandlung der Motive im kollektiven Unbewußten oder für Gefühlsbewegungen, die die unbewußten Prozesse begleiten.[2]

Der Knabe war auch Überbringer von weiteren Erfahrungen im Zusammenhang mit der Nago-Kultur. Das nächste Erlebnis widerfuhr mir anläßlich einer Ausstellung über Bahia, die ein Jahr später in meiner Heimatstadt gezeigt wurde. Bahia ist ein Staat im Osten Brasiliens, an der Küste gelegen, gegenüber von Afrika auf der andern Seite des Atlantik. Seit Jahrhunderten hat sich hier die Bevölkerung afrikanischer Herkunft zusammengeballt, denn Bahia war im 16. und 17. Jahrhundert einer der bedeutendsten Zuckerproduzenten der Welt. Bekanntlich gehörten importierte Sklaven aus Afrika zu dieser Handelstätigkeit, so wie sie es auch im Tausch gegen Tabak und später im Gold- und Kaffeehandel waren. Die Hauptstadt Bahias, Salvador, war einer der wichtigsten Umschlagplätze für den Sklavenhandel in Brasilien.[3] Dieser Handel dauerte dreihundert Jahre, das heißt von der Mitte des 16. Jahrhunderts bis 1852, als er aufgehoben wurde. Während in andern Regionen Brasiliens der Sklavenhandel meist von portugiesischen Schiffen aus betrieben wurde, war es in Bahia insofern anders, als der Verkehr direkt von brasilianischen Händlern organisiert war, die Tabak aus Bahia gegen Sklaven von der sogenannten Sklavenküste tauschten.[4] Dieser Tabak wurde von den Königen von Dahomey besonders geschätzt. Sie tauschten ihn gewöhnlich gegen Sklaven, die sie bei ihren ständigen Kriegen gegen benachbarte König-

---

[1] Neben den rhythmischen Mustern, die dazu bestimmt sind, das Herabsteigen der Götter auf die Erde in Trance hervorzurufen, gibt es auch bestimmte Rhythmen, um sie wieder fortzuschicken. Im Bereich psychologischer Erfahrung würden die Götter emotionalen, archetypischen Faktoren entsprechen, die mit dem kollektiven Unbewußten verbunden sind. Die Erdenwirklichkeit anderseits würde eher der bewußten Realität entsprechen. Man könnte deshalb sagen, daß die Musik nicht nur das Unbewußte in direkten Kontakt mit dem Bewußtsein (über das Gefühl) bringt, sondern daß sie auch eine regulierende Funktion zwischen diesen beiden Bereichen ausüben kann.

[2] CARL GUSTAV JUNG: Briefe II, 173 (Brief an Serge Moreux, 20. Januar 1950).

[3] Vgl. DONALD PIERSON: Pretos e Brancos na Bahia, 93. Vgl. auch Kapitel III.

[4] Für nähere Angaben vgl. die ausgezeichnete Arbeit von PIERRE VERGER: Flux et reflux de la traite des nègres entre le golfe de Bénin et Bahia de todos os Santos, du XVIIe au XIXe siècle, und seinen Beitrag: Raisons de la survie des religions africaines au Brésil.

reiche gefangengenommen hatten. Besonders in der Zeit gegen Ende des 18. Jahrhunderts und in der ersten Hälfte des 19. Jahrhunderts[5] wurden einige Yoruba-Königreiche, wie zum Beispiel die Ketu und Oyo, von Stämmen aus Dahomey angegriffen, und ein großer Teil ihrer Bevölkerung wurde als Sklaven verkauft und nach Bahia und Kuba verschifft. Die Ankunft dieser homogenen Gruppe, die während dieser Zeit als letzte vor der Aufhebung des Sklavenhandels aus Afrika in Bahia einströmte, begünstigte das Leben und Überleben der Yoruba-Kultur außerordentlich. Die Nago, wie man in Brasilien die Yoruba nennt, beeinflußten auch andere bereits anwesende afrikanische Ethnien so stark, daß im letzten Jahrhundert deren Sprache das übliche Verständigungsmittel unter den Schwarzen in Bahia wurde, im Gegensatz zum Süden, wo die meisten ihrer Herkunft nach Bantu blieben, Bantu vom Kongo, von Angola und Mozambique.[6] Alle verschiedenen Formen afrikanischer Religionen in Brasilien waren jedoch von den Yoruba beeinflußt, auch wenn dieser Einfluß je nach Ort unterschiedlich groß war. So überwiegen zum Beispiel die Bantu-Elemente bei den Macumba von Rio de Janeiro, während sie bei den Tambor das Minas in Maranhão eher auf der Voodoo-Religion beruhen, die aus Dahomey stammt.[7] Anderseits sind die Xangô von Recife und die Candomblé von Bahia ursprünglich Nago-Religionen.[8] Wegen ihres hohen Anteils von Einwohnern afrikanischer Herkunft[9] ist Salvador, die Hauptstadt Bahias, wahrscheinlich die am meisten afrikanisierte Stadt Brasiliens, und sie wurde daher, zusammen mit Kuba, zum wichtigsten Zentrum der Yoruba-Kultur außerhalb Afrikas.[10]

Die obenerwähnte Ausstellung zeigte natürlich viele Aspekte dieser afrikanischen Kultur in Bahia. Unter andern Ausstellungsobjekten gab es eine besonders schöne Sammlung afro-brasilianischer Kultgegen-

---

[5] Juana Elbein dos Santos: Os Nàgó e a Morte, 28ff.

[6] Nina Rodrigues: Os Africanos no Brasil, 129.

[7] Vgl. die Monographie von Nunes Pereira: A Casa das Minas.

[8] Vgl. Pierre Vergers Vorwort zu Deoscoredes M. dos Santos: Axé Opô Afonjà, 11. Für eine soziologische Untersuchung über die verschiedenen Formen von afrikanischen Religionen in Brasilien vgl. Roger Bastide: The African Religions in Brazil. Das Buch erlaubt einen ausgezeichneten, ersten Einblick in das Problem der Religionen der Neger in Brasilien. Darin werden die synkretistischen Formen mit ihren verschiedenen Zusammensetzungen von brasilianisch-indianischen, christlichen und spiritualistischen Elementen dargestellt.

[9] Nach einer Schätzung von Juana Elbein dos Santos sind es siebzig Prozent der Bevölkerung. (In: Os Nàgó e a Morte, 27). Für ganz Brasilien läge der Anteil der Bevölkerung afrikanischer Herkunft bei fünfunddreißig Prozent.

[10] Für eine allgemeine Übersicht über die Negro-Religionen in Amerika vgl. Roger Bastide: Les Amériques noires, sowie Arthur Ramos: As Culturas Negras do Novo Mundo.

stände, die DEOSCOREDES M. DOS SANTOS, ‹Mestre Didi›, zusammengetragen hatte. Er war einer der profundesten Kenner der Nago-Traditionen in Salvador. Am tiefsten beeindruckten mich in dieser Sammlung die symbolischen Darstellungen von Eshu, dem Yoruba-Trickster-Gott. Ich fand sie so bemerkenswert und sie faszinierten mich derart, daß ich nicht anders konnte, als rasch zu Mestre Didi zu gehen, der ruhig in einer versteckten Ecke des Raumes stand. Einem plötzlichen Impuls folgend – ganz entgegen meiner habituellen, introvertierten Veranlagung – stellte ich mich ihm vor. Glücklicherweise war er entgegenkommend und lud mich schließlich ein, ihn in Bahia zu besuchen.

Weil Eshu als erster meine Aufmerksamkeit auf die afrikanischen Götter lenkte, wäre es interessant, diese Begegnung im Lichte seiner Bedeutung für die Nago zu betrachten. Ihn in kurzen Worten zu beschreiben, ist jedoch unmöglich, denn er hat viele Gesichter und läßt sich nicht so leicht festnageln. In Anbetracht seiner zentralen Bedeutung innerhalb dieser Religion werde ich versuchen, ihn später eingehender zu behandeln. Für den Augenblick müssen einige Hinweise auf seine Eigenart genügen. Eshu steht für den Nago an jeder Wegkreuzung, und er ist der Gott, der alle Wege öffnet und verschließt, womit er alles Existierende in Beziehung und Bewegung setzt – und umgekehrt. Es ist Eshu, der die Dinge in Aktion versetzt und Prozesse auslöst, und er stellt deshalb jene geheimnisvoll wirkende Kraft im Kern jedes Wesens dar, jene Kraft, die Wachstum und Entwicklung fördert, so daß das individuelle Schicksal glückhaft erfüllt werden kann.[11] Er ist in diesem Sinn von ursprünglicher Bedeutung für den obenerwähnten Übergang der Dinge im potentiellen Zustand im Jenseits zur irdischen, das heißt tatsächlichen und faßbaren Wirklichkeit. Er macht, daß sich die Dinge verwirklichen und als individuelle, unterscheidbare Teile dastehen. Deshalb scheint er eine afrikanische Verkörperung eines *principium individuationis* zu sein, das jedem einzelnen Wesen innewohnt und auf allen Stufen des Lebens vorhanden ist.[12] In der Religion der Nago ist er jener Gott, der am mei-

---

[11] Vgl. JUANA ELBEIN DOS SANTOS und DEOSCOREDES M. DOS SANTOS: Èsù Bara, principle of individual life in the Nàgó System. In: La notion de personne en Afrique noire, 45ff.

[12] In ganz ähnlicher Weise wie Ares für PARACELSUS. Vgl. CARL GUSTAV JUNG: Paracelsus als geistige Erscheinung. GW 13, §§ 176–178. Die psychologische Formulierung des Individuationsprozesses und das Studium seiner Phänomenologie in der menschlichen Psyche war ein Hauptgegenstand von JUNGS wissenschaftlichen Untersuchungen. Es lohnt sich deshalb, zu untersuchen, in welchem Ausmaß das intuitive Verständnis der Nago dieses selben Phänomens mit JUNGS empirischen Beobachtungen übereinstimmt.

sten mit dem Drang nach Individuation verbunden zu sein scheint. JUNG betrachtet diesen als unseren stärksten Instinkt, indem er uns ständig zu einer zunehmenden Verwirklichung unserer Ganzheit zwingt. Eshus Verbindung mit diesem Prozeß wird deutlich, wenn man seine Rolle im Zusammenhang mit rituellen Opfern untersucht. Als göttlicher Bote trägt er die Opfergaben zu den Göttern und bringt von da genau das zurück, was dem Opfernden für seine Weiterentwicklung nottut. Nach den Texten des Ifa-Divinationssystems (Ifa ist der Yoruba-Gott der Divination) kann dies etwas ganz konkret Stoffliches sein – zum Beispiel ein benötigtes Werkzeug. In andern Erzählungen handelt es sich um etwas Abstrakteres wie zum Beispiel eine ‹gute Idee›, die zur Lösung eines Problems beiträgt. Eshu kann uns ebensogut veranlassen, auf eine impulsive, unbedachte Art zu handeln, oder er weckt in uns einen heftigen, gierigen Drang nach etwas. Wird das Opfer richtig dargebracht, werden alle diese Vorkehrungen das Individuum mit der Gabe einer ganz bestimmten Fähigkeit versehen, seine in ihm angelegten Möglichkeiten zu verwirklichen. Im andern Fall hingegen zeigt Eshu seine dunkle und unheilstiftende Seite und treibt Menschen in Schwierigkeiten, sinnlose Verwicklungen und sogar in den Tod. Dieser Gott manifestiert sich auch in bestimmten Situationen, die er selbst herbeiführt und in denen sinnvolle Zufälle, Synchronizitäten, stattfinden. In solchen Situationen zwingt er uns dazu, uns dem Schicksal zu stellen – auf Gedeih und Verderb! Somit ist Eshu der Anordner des Schicksals. Er wird auch als der Herr des Marktes verehrt, ein Ort, an dem es scheinbar von chaotischem Leben wimmelt, wo Leute zum Tausch zusammenkommen, wo Streitigkeiten und Kämpfe in Sekunden ausbrechen können und wo wir unerwartet Gewinne erzielen oder Verluste erleiden, die unserem Schicksal vielleicht eine völlig neue Wende geben.[13]

Im Lichte dieser Ausführungen kann man meines Erachtens sagen, daß jeder Nago in meinem plötzlichen Entschluß zu Mestre Didi zu eilen, Eshu erkennen würde. Tatsächlich waren in jenem Augenblick auch verschiedene Elemente vorhanden, die den Bereich von Lebenserfahrung bestimmen, über den dieser große Gott wacht: Das plötzliche Aufflackern eines emotionalen Interesses, der instinktive Impuls, der zu einer bedeutungsvollen Begegnung führt, und schließlich die für mich neue Erkenntnis, wie die Wege, die Eshu ganz nach seinem scheinbar kapriziösen Gutdünken öffnet und schließt. Die Ausstellung

---

[13] Vgl. JOHN PEMBERTON: Eshu-Elegba: The Yoruba Trickster God. In: African Arts, vol. IX, N° I, 25.

war sogar eine Art von Messe oder Markt, und ich kann wahrhaftig sagen, daß ich da meinem Schicksal begegnete, weil dieses Treffen mein Leben wesentlich veränderte, auch wenn mir dies erst später bewußt wurde.

****

Als ich dann nach Bahia ging, konnte ich mich seltsamerweise kaum dazu entschließen, Mestre Didi zu besuchen. Alle möglichen Zweifel und Ängste schienen mir den Weg zu ihm zu versperren. Es schien, als stellte sich meine ganze europäische, christliche Vergangenheit in Opposition zu dieser Begegnung. Noch nie zuvor war der Schwarze, der Afrikaner in Brasilien, mir so fremd und unbekannt erschienen wie in dem Augenblick, als ich einen Schritt auf ihn zutun wollte. Und doch hatte er auch noch nie so unausweichlich klar vor mir gestanden. Als ich so an der Schwelle dieses Erlebnisses zögernd abwartete, unfähig, weder vor- noch rückwärts zu gehen, hatte ich den folgenden Traum:

> An einem frühen Sommermorgen spazierte ich in Salvador einer Straße entlang. Es war ein heiterer, sonniger Tag. Der Himmel war blau, die Palmen raschelten, und die großen, dunkelgrünen Mangobäume bewegten sich sanft im Wind. Plötzlich tauchte ein alter, schwarzer Mann auf, der farbenprächtige afrikanische Kleider trug. Sein Gesicht war unglaublich runzelig, als er mir zulächelte. Er grüßte mich freundlich und sagte, wir seien Verwandte! Völlig überrascht fragte ich ihn, wie das möglich sei. Er zeigte dann auf jemanden hinter sich und sagte: «Das ist Ogun! Er ist unser gemeinsamer Ahne! Mit Ehrfurcht sah ich hinter dem alten Mann einen ihn hoch überragenden Neger von immenser Größe. Und ich erwachte, tief bewegt von dieser Erscheinung.

Dieser Traum berührte und verwirrte mich gleichzeitig. Aus seiner Wirkung auf mich ersah ich sogleich, daß er darauf zielte, die Distanz zu überbrücken, um das Gefühl von Trennung zwischen mir und der mich befremdenden Welt der afro-religiösen Vorstellungen zu überwinden, der ich mich zu jener Zeit ausgesetzt sah. Offensichtlich hatte ich diesen Traum auch aus der Notwendigkeit heraus, mein inneres Gleichgewicht wieder herzustellen. Mit andern Worten, der Schritt, den ich oben als einen Schritt auf den Neger ‹dort draußen› zu beschrieb, stellte ebenso einen inneren Schritt auf dieses lebendige ‹Etwas› in mir dar, das so stark auf ihn bezogen war. Auf mein Gefühl des Befremdens antwortete der Traum mit dem Bild von Verwandtschaft mit einem gemeinsamen göttlichen Ahnen, dem Gott Ogun. Vom Gefühl her war dieser Gedanke absolut überzeugend und dennoch völlig unerwartet. Mir selbst wäre er nie eingefallen, sowenig wie ich dieses Gefühl von tiefer Sympathie zwischen mir und dem alten Mann hätte entstehen lassen können. Es geschah alles ganz spontan, was JUNGS Erkenntnis bestätigt, wenn er sagt, daß der Mensch nicht nur «Denkender», sondern auch «Gedachter» ist[14], womit er die Autonomie des Unbewußten in bezug auf die bewußte Psyche betont. Denn, wie man hier sehen kann, wurde die Gedankenverbindung, die ich benötigte, die mir aber nicht einfallen wollte, in mir selber mittels eines Traumes ‹ausgedacht›. Tatsächlich ist ja die Verwandtschaftsbeziehung zu einem Gott nicht gerade ein Gedanke, auf den man mit rationalen Überlegungen kommen würde. Es handelt sich um einen mit einem Gefühl (der *sympathia)* verbundenen Gedanken, um eine Vorstellung zusammen mit einer Emotion, das heißt: mit einer spezifisch energetischen Ladung. Es ist auch nicht ein persönliches, spezifisches Produkt meines Geistes, denn derartiges hat sich schon überall und zu allen Zeiten bei verschiedensten Menschen ereignet, die davon ebenso ergriffen waren. Solche Erlebnisse nennt JUNG archetypisch. Sie wurzeln in der Grundstruktur der Psyche, finden in Mythen und religiösen Riten Ausdruck und können auch in Träumen spontan auftauchen.

In Träumen spiegeln sich diese Grundstrukturen der Seele in archetypischen Bildern, die objektive Tatsachen repräsentieren, Gegebenheiten, die nicht ein Produkt des Bewußtseins sind. Diese Spiegelung findet gleichermaßen Ausdruck in der Vorstellung der Nago vom *iyè* der Ahnen oder dem Ahnengedächtnis. Für den Nago ist es dieses Ahnengedächtnis, das unser *èmí* (Atem, Lebensprinzip) während des Schlafens durch das Land der Träume führt. Nach JUANA ELBEIN DOS SANTOS[15] haben wir zwei Arten von *iyè*. Eines ist von den Ahnen bestimmt, kollektiv oder unpersönlich, das andere ist individuell. Das erste erhalten wir bei der Geburt zusammen mit dem Lebenshauch. Es begleitet immer das andere, zweite, sogar über den Tod hinaus, wenn beide ins Jenseits zurückkehren. Das individuelle *iyè* (das Wort wird auch mit ‹Geist› oder ‹geistiger Körper› übersetzt) stellt den bewußten Teil des Menschen dar und hängt von der Stärke des Verstandes ab. *Iyè* wohnt in der Stirn des Menschen, und im Falle von Verrücktheit ist

---

[14] CARL GUSTAV JUNG: Seminare: Kinderträume, 515.

[15] JUANA E. DOS SANTOS und DEOSCOREDES M. DOS SANTOS: Èsù Bara, 53ff.

es dieser Anteil, der gestört ist[16]. Das *iyè* wird mit einem Beutel verglichen, der bei der Geburt eines Kindes noch leer ist und sich mit dem Größerwerden des Menschen stetig mit Wissen auffüllt. Viele Probleme seelischer Störungen entstehen dann, wenn das individuelle und das Ahnengedächtnis miteinander in Konflikt geraten. Auch der Zustand des Zweifels wird von den Yoruba als eine Situation charakterisiert, in welcher «die zwei *iyè* nicht übereinstimmen».[17] Das persönliche Gedächtnis entspricht deshalb jenem Teil des Geistes, der sich der äußeren Wirklichkeit zuwendet und der ständig durch von außen zufließende Inhalte ein Leben lang angereichert wird. Das Ahnengedächtnis hingegen ist mit dieser andern Seite unseres Geistes verbunden, die von äußeren Stimuli offenbar unabhängig ist und die unserem Bewußtsein Inhalte vermittelt, die aus dem innern Bereich unseres Traumlebens stammen. Interessant ist, daß die geistig-seelische Gesundheit des Menschen davon abzuhängen scheint, ob die zwei Gedächtnisse miteinander im Gleichklang sind oder ob sie in Disharmonie auseinanderfallen. Mit andern Worten, wenn sich der individuelle Geist zu weit von seinem Urgrund entfernt, der von der inneren Struktur seines angeborenen Ahnenanteils stammt, wird die seelische Gesundheit eines Menschen gestört.

Diese Idee eines doppelten Gedächtnisses entspricht weitgehend JUNGS Hypothese von der Struktur der Seele. So spricht er zum Beispiel in seinem Aufsatz ‹Theoretische Überlegungen zum Wesen des Psychischen› von einer *Verdoppelung* des Subjekts des Wahrnehmens und Erkennens, nämlich dem Ich-Bewußtsein auf der einen und dem kollektiven Unbewußten auf der andern Seite. Das letztere wäre, wie er sagt, «ein neben dem Bewußtsein existierendes zweites System».[18] Er bezieht sich hier auf die angeborene archetypische Struktur des Unbewußten. Das persönliche *iyè* würde dem Bewußtsein entsprechen, das im großen und ganzen ein System der Anpassung an äußere Gegebenheiten des Lebens ist und mittels Eindrücken, die von den Sinnesorganen vermittelt werden, funktioniert. «Das Prinzip des Bewußtseinslebens ist: ‹Nihil est in intellectu, quod non antea fuerit in sensu›.»[19] Das Ahnengedächtnis *iyè*, das mit den Träumen verbunden ist, würde dem Unbewußten entsprechen, dessen Prinzip aber «die

---

[16] ISSIAKA PROSPER LALÈYÊ: La conception de la personne dans la pensée traditionelle Yoruba, 151.

[17] JUANA und DEOSCOREDES DOS SANTOS: Èsù Bara, 54.

[18] GW 8, §§ 369–370.

[19] CARL GUSTAV JUNG: Psychologie und Alchemie. GW 12, § 186 (Nichts ist im Verstand, was nicht vorher in den Sinnen [wörtlich: im Sinn] gewesen wäre).

Autonomie der Psyche selbst (ist), welche im Spiele ihrer Bilder nicht die Welt, sondern *sich selber* spiegelt».[20] Das Unbewußte ist das eigentliche, ursprüngliche Seelische des Menschen, aus dem das individuelle Bewußtsein als sekundäres Phänomen hervorgeht. Aus diesem Grund sagt JUNG, daß «die Psychologie von Kindern wirklich aus Ahnengeistern oder dem kollektiven Unbewußten besteht».[21] Das letztere ist eigentlich der Urgeist unserer Ahnen, der in uns immer noch wirkt, und sein Symbolreichtum ist unser wertvollstes Erbe. Indem es in seinen Bildern das Wirken unserer instinktiven Natur reflektiert, bringt es das Leben, wie es wirklich ist, zum Ausdruck, weshalb es äußerst wichtig ist, daß das Bewußtsein in einer lebendigen Beziehung mit dem Unbewußten bleibt, oder mit anderen Worten, daß wir uns «in Übereinstimmung mit dem Habitus des psychischen Ahnenlebens» befinden.[22] In seinem Aufsatz ‹Die Lebenswende› sagt JUNG: «Volles Leben ist nur in Übereinstimmung mit ihnen [den natürlichen Bildern, Symbolen] möglich, Weisheit ist Rückkehr zu ihnen. Es handelt sich in Wirklichkeit weder um Glauben noch um Wissen, sondern um die *Übereinstimmung unseres Denkens mit den Urbildern unseres Unbewußten.*»[23] Somit ist für ihn, wie auch für den Nago, die Frage der Übereinstimmung des individuellen Bewußtseins mit dem psychischen Ahnenleben von fundamentaler Bedeutung.

Der natürliche und direkteste Weg, die Verbindung mit dem psychischen Ahnenleben wieder herzustellen, ist der Traum, dessen Hauptaufgabe es ist, «eine Art ‹Erinnerung› an das Prähistorische wie auch an die kindliche Welt bis hinunter zu den primitivsten Instinkten zu erwecken».[24] Am Beispiel meines zuvor erwähnten Traumes wird ersichtlich, wie dies symbolisch dargestellt wird. Bevor ich darauf zurückkomme, möchte ich darauf hinweisen, daß JUNG wiederholt betont hat, daß man aus *dem ganzen Menschen* heraus träumt. Nach ihm resultieren die Manifestationen des Unbewußten, die auf Ergänzung und Ganzheit der persönlichen, bewußten Orientierung zielen, aus der *ganzheitlichen Disposition* eines Menschen, das heißt aus der Gesamtheit aller vorhandenen Vorstellungsmöglichkeiten der Psyche als Ganzes.[25] Dieser Aspekt der Kompensation zur Ganzheit – im wei-

[20] Ebenda.
[21] CARL GUSTAV JUNG: Dream Analysis, 674.
[22] CARL GUSTAV JUNG: Aion. GW 9/II, § 50.
[23] GW 8, § 794 (meine Hervorhebung).
[24] CARL GUSTAV JUNG: Zugang zum Unbewußten. In: Der Mensch und seine Symbole, 98.
[25] Vgl. CARL GUSTAV JUNG: Vorwort zu D.T. SUZUKI: Die große Befreiung. GW 11, §§ 899–900.

testen Sinn des Wortes –, den man in Träumen beobachten kann, ist dafür verantwortlich, daß die Träume zeitweise so schwer zu verstehen sind. Denn die relativ beschränkte Verständnismöglichkeit des Bewußtseins kann die Gesamtheit der Psyche nie umfassen. Deshalb haben wir hinsichtlich des Bereichs der im Unbewußten vorhandenen Möglichkeiten immer einen etwas eingeengten Blick.[26] Nach diesen Überlegungen und mit der notwendigen Intuition des allgegenwärtigen Geheimnisses des Großen Mannes – des *homo altus* – in jedem Traum möchte ich meinen oben erzählten Traum etwas genauer anschauen.

Er beginnt frühmorgens an einem Sommertag. Für mich, der ich in einem tropischen Land mit recht heißen Sommern lebe, hat der frühe Tag in dieser Jahreszeit eine fast magische Qualität. Die Luft ist noch kühl, die Sonne noch nicht heiß, und es ist zu dieser frühen Zeit noch sehr still, so daß man den Wind in den Bäumen rascheln hört, als brächte er neue Botschaften für den kommenden Tag, und das Herz tut sich auf und schaut hoffnungsfroh in die Zukunft. Ich glaube, daß der Anfang dieses Traumes etwas von dieser Atmosphäre von Friede und Ruhe in sich trägt, einer Atmosphäre, die einen in eine ruhige und empfängliche Stimmung versetzt. Dieser Eindruck wird irgendwie noch verstärkt durch die entspannte und leichte Art meiner Bewegungen, die Straße entlang zu gehen. In Wirklichkeit führt diese Straße zu Mestre Didis Haus, wo ich so gerne hingehen wollte, daran aber durch meine Zweifel und Widerstände gehindert wurde. Offensichtlich zeichnet hier das Unbewußte eine Situation, die ganz und gar im Gegensatz zu meinen schwarzen Gedanken, die meine bewußte Einstellung begleiteten, steht. Alles schien vom klaren Licht der Morgensonne geprägt zu sein, ein passendes Bild für eine offene Einstellung für das Neue und damit auch für eine gewandelte Haltung gegenüber diesem Neuen. Es ist vielleicht noch interessant anzumerken, daß der frühe Morgen auch für den Nago ein wichtiger Tagesabschnitt ist. Zu

---

[26] Wichtig ist hier folgendes festzuhalten: Die Tatsache, daß wir aus dem ganzen Menschen heraus träumen, ist einer der Hauptgründe, weshalb ein Jungscher Psychologe sein Wissensgebiet auf ethnologische Dokumente von Völkern anderer Kulturen ausdehnen muß. Er tut dies aus praktischer Notwendigkeit, und seine Absicht ist nicht, dieses Material zu reduzieren, um es seiner Theorie anzupassen, sondern es dient vielmehr der *Erweiterung* seiner Ansichten über das im Grunde nicht erkennbare Geheimnis des Anthropos, über den Menschen *an sich*. In dieser Hinsicht müssen wir anerkennen, daß, wie JUNG sagt, «das Menschsein keine Prärogative des okzidentalen Typus ist, und daß die weiße Rasse keine von Gott bevorzugte Spezies des homo sapiens ist.» CARL GUSTAV JUNG: Psychotherapie und Weltanschauung. GW 16, § 188.

dieser Zeit gehen zum Beispiel die Verehrer von Orishanla, dem Vater der Götter, in absolutem Schweigen hinaus, um Wasser für seinen Tempel zu holen, bevor jemand den Brunnen oder die Quelle hat benutzen können.[27] Das zeigt, daß ihr erster Gedanke Gott gilt, bevor profanere Tagesaufgaben ihre Aufmerksamkeit ablenken, und auch dem Wasserholen, das heißt der Quelle des Lebens und der Energie.

Die Vorstellung, daß der frühe Morgen die Zeit der Beziehung des Menschen zu Gott ist, wird auf unvergleichliche Art auch von einem andern religiösen Mann aus Afrika beschrieben, vom Kirchenvater AUGUSTINUS. Nach ihm gibt es zwei Arten von Wissen, die *cognitio matutina,* die Morgenerkenntnis, und die *cognitio vespertina,* die Abenderkenntnis. Dr. MARIE-LOUISE VON FRANZ erörtert dieses Thema ausführlich in ihrem Buch ‹C.G. Jung – Sein Mythos in unserer Zeit›.[28] Sie erklärt, daß die *cognitio matutina* das Wissen ist, in dem sich der Mensch im Bilde des Schöpfers erkennt. Psychologisch bedeutet dies die Erleuchtung des Ichs durch das Selbst. Die *cognitio vespertina* dagegen ist das Wissen über die erschaffenen Dinge in der Welt, was einer allmählichen Verdunkelung dieses Wissens gleichkommt, weil es sich in der Vielfalt der äußeren Dinge verliert und sich so von der inneren Erkenntnis Gottes zunehmend entfernt. So wie ich es verstehe, ist diese Vorstellung einer Beziehung zwischen der Morgenerkenntnis und Gott irgendwie verknüpft mit der primordialen, archetypischen Erfahrung der aufgehenden Sonne als eines sakralen Augenblicks, in welchem der Mensch vom numinosen Gefühl der Gegenwart Gottes ergriffen wird.[29] Etwas von dieser sakralen Qualität des Tagesanbruchs ist auch in meinem Traum ausgedrückt. Dies muß man bei dem, was folgt, im Auge behalten, nämlich dem Erscheinen des alten Mannes, der dem Gott Ogun voranging und ihn ankündigte; Ogun, dessen Gegenwart mich mit diesem unvergeßlichen Gefühl von Ehrfurcht erfüllte. Daß diese Begegnung am frühen Morgen stattgefunden hat, heißt nicht nur, daß sie für mein Leben einen neuen Morgen im Sinne einer Erneuerung bedeutete, sondern auch, daß ich diesem Gott *bewußt* im Lichte der ‹Morgenerkenntnis› begegnen mußte. Denn dieses Wissen deutet auf *religio,* was psychologisch einer bewußten, aufmerksamen und respektvollen Einstellung den göttli-

---

[27] E. BOLAJI IDOWU: Olódùmarè, God in Yoruba Belief, 73.

[28] MARIE-LOUISE VON FRANZ: Carl Gustav Jung. Sein Mythos in unserer Zeit, Kap. 9: Morgenerkenntnis und Abenderkenntnis des Menschen.

[29] Als Beispiel vgl. JUNGS Beschreibung, wie die Elgonyi die aufgehende Sonne begrüßen. In: Erinnerungen, Träume, Gedanken von C.G. Jung, 270ff.

chen Mächten gegenüber entspricht. Dies ist sehr wichtig, denn Ogun ist, wie wir später sehen werden, eigentlich eine dunkle Gottheit.

Das Bild des alten Mannes weist auf eine durch große Lebenserfahrung erworbene Weisheit und Wissen hin. Für den Nago würde er ein Ältester sein. Wegen seines hohen Alters ist der Älteste der Wirklichkeit des Todes näher, und er steht deshalb in engerem Kontakt mit der unsichtbaren Welt der Ahnen und der Götter. Der Älteste ist für den Afrikaner die erfüllte Persönlichkeit, der Mann, der die Ganzheit erlangt hat. Sein inneres Leben besitzt ‹Lumineszenz›, wie die Malinke sagen würden. In ganz Afrika sind die Ältesten diejenigen, die das soziale, politische und religiöse Leben der traditionellen Gemeinschaft bestimmen. Die Worte von GEDEGBE, des großen Orakelpriesters des Königreichs Dahomey (heute Republik Benin), scheinen mir einen Begriff davon zu geben, wie sich ein alter Mann in Afrika selbst sieht. Er sagte folgendes: «Der Älteste ist wie ein großer Baum, dessen Schatten viele Wesen schützt und sie zu ihm führt: Wenn dieser Schatten nicht mehr ist, leiden alle, die er beschattete, unter der Hitze. So wünscht man sich im Herzen aller bekannten und unbekannten Menschen verewigt.»[30] Das Bild des großen Baumes steht hier als ein Symbol der großen Persönlichkeit. Daß er im Herzen von Bekannten und Unbekannten verewigt werden soll, weist vielleicht darauf hin, daß er als ein Ahne im *Egungun*-Kult als lebendige Erinnerung im Gedächtnis seines Volkes verehrt werden wird.

IDOWU[31] illustriert mit einem entzückenden Ifa-Gedicht die Bedeutung der Ältesten als Hilfe für die Jungen, mit den Schwierigkeiten des Lebens zurechtzukommen. Es heißt:

> Es war eines Tages
> Als ich *Ishin* (eine saftige Frucht) pflücken ging,
> Ich streckte mich, soviel ich konnte, meine Hände erreichten die *Ishin* nicht.
> Ich bückte mich hinunter, soviel ich konnte, meine Hände erreichten die *Ishin* nicht.
> Da kam ein wahrhaftiger Ältester und lehrte mich seitwärts zu lehnen.
> Und als ich mich seitwärts lehnte, tropfte aus unzähligen *Ishin* der Saft in meinen Mund.

---

[30] BERNARD MAUPOIL: La géomancie à l'ancienne Côte des Esclaves, 271.
[31] IDOWU: Olódùmarè, 165ff.

Dieses ‹Sich-seitwärts-Lehnen› scheint mir ein indirekter Weg zu sein, das Problem anzugehen, beinahe wie das, was JUNG «die Weisheit der Schlange» nannte: «Wenn's nicht gerade geht, geht's natürlich krumm.»[32] Anders ausgedrückt: Die Weisheit des alten Mannes liegt in seiner Kenntnis der verschlungenen Wege der Natur. Sie führt den natürlichen Prozessen des Lebens entlang, weil sie deren geheime Gesetze kennt und so die Natur nicht zu vergewaltigen braucht. Der junge Mann hier versucht, die Frucht des Lebens auf direktem Weg mit seinem Willen zu holen, und der alte Mann lehrt ihn, die richtige Stellung – oder Einstellung – einzunehmen, so daß ihm das Leben spontan zufließen kann, «der Saft ihm in den Mund tropft».

Der alte Mann im Traum und das Bild des Ältesten in Afrika entsprechen dem Alten Weisen im Märchen, dessen Erscheinen immer ein Eingreifen des Archetypus des Geistes darstellt. JUNG sagt, daß «der Archetypus des Geistes . . . jeweils in einer Situation auftritt, in welcher Einsicht, Verständnis, guter Rat, Entschluß, Plan usw. nötig wären, aber aus eigenen Mitteln nicht hervorgebracht werden können».[33] Dies setzt den Zustand einer gewissen Orientierungslosigkeit im Bewußtsein voraus oder vielleicht einen gewissen Mangel an Einsicht hinsichtlich von ‹etwas›, das sich nachher im Lichte der Absicht des unbewußten Lebens der Psyche als notwendige Substanz zur Ganzheit des Menschen erweist. Dies würde genau dem völligen Stillstand entsprechen, in dem ich mich zur Zeit des Traumes befand, denn ich wußte damals noch nichts von der enormen Bedeutung, die das afrikanische Gedankengut in meinem späteren Leben haben würde. In seiner Eigenschaft als Archetypus gibt der alte Mann der Lebenssituation eine völlig neue Wendung. Er führt sich als Verwandter von mir ein, und, bevor ich überhaupt Zeit habe, mich von dieser Überraschung zu erholen, stellt er mir den Gott Ogun als unseren gemeinsamen Ahnen vor. Sein Eingreifen erzeugt eine dramatische Spannung im Traum, die – ausgehend von der entspannten Ruhe in der Exposition – rasch zunimmt, bis sie endlich in der Vision des ehrfurchtgebietenden Gottes in der Gestalt eines riesengroßen, schwarzen Mannes kulminiert. Das Verhalten des alten Mannes zeigt, daß er ein eigentlicher Initiator ist, einer, der den Initianden in die Erfahrung der göttlichen Mysterien einführen wird. Als gereifte Persönlichkeit ist er der Mann, der für seinen Gott lebt. Zusammen bilden dieser Mann und sein Gott ein

[32] CARL GUSTAV JUNG: Deutsches Seminar. 1931, 18.
[33] CARL GUSTAV JUNG: Zur Phänomenologie des Geistes im Märchen. GW 9/1, § 398.

Gegensatzpaar, welches symbolisch den Kern des ganzheitlichen Menschen darstellt: Einerseits den sterblichen Menschen, anderseits seinen unsterblichen Wesensanteil. Dies zeigt sich zum Beispiel auch in den parallelen Gestalten von Moses und Khidr in der 18. Sure des Korans oder in Tobias und dem Engel im Buche Tobit. Im Traum ist der göttliche Begleiter ein afrikanischer Gott, und der alte Mann in seiner afrikanischen Bekleidung ist ein Repräsentant des traditionellen Wissens der Nago; und zugleich ist er derjenige, der die nötige Weisheit besitzt, mit der ganz und gar unbändigen Dynamik umzugehen, die in der Gestalt Oguns enthalten ist.

Was an Ogun in erster Linie überrascht, sind seine Dunkelheit und seine Gewalt. Die Mythen schildern ihn als einen sehr schwarzen Mann, und in einigen seiner Lieder wird er als «eine tiefschwarze obskure Masse» besungen. Ein anderer Mythos enthüllt folgendes: «Die Umgebung, in der Ogun haust, ist dunkel wie die einbrechende Nacht.»[34] Seine Macht, das *ashe,* wohnt im dunklen Herzen des Eisens, dem schwarzen Metall: Er ist der göttliche Schmied, ein Jäger und ein Krieger. Als einer der ältesten Yoruba-Götter und als einer der von ihnen am meisten gefürchteten und angesehensten, ist er «die Angst im Urwald, die den Jäger übermannt», und «plötzlich wie ein Blitz erschreckt er die Faulen».[35] Er hat ein streitsüchtiges und gewalttätiges Temperament. So heißt es in einem Gedicht von ihm:

> Wo trifft man ihn an?
> Man trifft ihn auf dem Schlachtfeld,
> Man trifft ihn auf dem Kampfplatz,
> Man trifft ihn dort, wo Ströme von Blut
> Das Verlangen stillen, wie das Glas Wasser
> den Durst.[36]

Wegen seines wilden Charakters, welcher ihm ein Leben in der Gemeinschaft verunmöglichte, lebte Ogun zuerst einsam im dichten Wald, an einem Ort namens *Ori Oke,* das heißt ‹Oben-auf-dem-Hügel›. Eines Tages beschloß er zu erscheinen, weil er ein großes Verlangen nach menschlicher Gesellschaft hatte. Aber – so die Erzählung – «am Tag, als Ogun von ‹Oben-auf-dem-Hügel› herunterkam, war er in

---

[34] Pierre Verger: Notes sur le culte des Orisa et Vodun à Bahia, la Baie de tous les Saints au Brésil et à l'ancienne Côte des Esclaves en Afrique, 148.
[35] Ebenda, 147f.
[36] Idowu: Olódùmarè, 89.

Feuer gekleidet und trug ein Kleid aus Blut».[37] Dieser Anblick erschreckte die Menschen so sehr, daß er zum Palmbaum gehen mußte, um sich von diesem einige junge, eben entsprossene Palmwedel zu leihen, mit denen er sich dann bekleidete. In dieser Aufmachung trat er in die Stadt Irè und wurde als König ausgerufen.

Solche Palmwedel, die man *mariwo* nennt, sind dem Nago außerordentlich wichtig. In Bündeln wie zu Vorhängen um einen Schrein herum gefaßt, markieren sie diesen als *temenos,* als einen geheimnisvollen Ort, wo äußerst gefährliche Mächte gegenwärtig sind. Bei Bestattungszeremonien werden sie an Fenstern und Türen befestigt und um die Arme der Bestattungsteilnehmer gebunden, und zwar in der Funktion, sie vor den gefährlichen Einflüssen der Totengeister zu bewahren und zu beschützen. JUANA ELBEIN DOS SANTOS sagt, daß «die Gegenwart des *mariwo*... das Vorhandensein von etwas zu Verbergendem anzeigt, ein verbotenes Mysterium, das Respekt und Furcht hervorruft, ein Geheimnis, das nur von Initiierten geteilt werden darf.»[38] Daher auch das folgende Lied:

«Dunkelheit bedeckt die Augen.
Jene, die nicht initiiert sind,
Wissen nichts vom Geheimnis des *mariwo*.»[39]

Dies bezieht sich auf den Ahnenkult *Egungun,* dessen Priester, die *Oje,* ebenfalls *mariwo* genannt werden. Der Zusammenhang der Palmwedel mit dem Mysterium des Todes wird im folgenden Lied ausgedrückt:

«Die sechs Blätter, hervorschießend
Aus der Höhe des Palmbaums,
Künden dem ältesten *Oje* den Tag des Geheimnisses.» [40]

So verkündet das Sprießen neuer Palmblätter den Tag für den Ahnenkult, eine deutliche Anspielung auf das Mysterium von Tod und Wiedergeburt. An diesem Tag werden die Ahnen rituell angerufen, und sie erscheinen ihren Nachkommen. Als Verkörperung der alten

---

[37] Ebenda, 86.
[38] JUANA ELBEIN DOS SANTOS und DEOSCOREDES M. DOS SANTOS: O Culto dos Ancestrais na Bahia: O Culto dos Égun. In: Olóòrìsà, 177.
[39] Ebenda, 178.
[40] Ebenda.

geistigen Nago-Tradition sind sie auch ein Symbol der Unsterblichkeit. Zwischen dem Erscheinen der Palmsprößlinge und dem Wiedererscheinen der Toten in der Gestalt eines Egun (Ahnen) scheint eine Verbindung zu bestehen, als sei der Palmsprößling ein symbolischer Ausdruck für Egun, den verehrten Ahnen.[41]

Auch Ogun bekleidet seine äußerst gefährliche und unbändige Natur mit den weichen Palmsprößlingen. Nur so kann er sich den Menschen nähern, ohne sie in Stücke zu zerreißen. Dann wird er als König ausgerufen, als die größte Persönlichkeit in der Stadt. Die Palmwedel verleihen ihm seine wahre Gestalt: In Wirklichkeit ist sie eine königliche. Zuerst wird er als eine geheime Dynamik in der Tiefe des Waldes erfahren. Wenn man sich überlegt, wie er in diesem Stadium einem Individuum erscheinen würde, könnte ich ihn mir als eine Bewegung in den tiefen Schichten des Unbewußten vorstellen, als eine Beeinflußung des vegetativen Nervensystems, allerlei psychosomatische Symptome oder Krankheiten hervorrufend. Wenn Ogun in Feuer und Blut gekleidet erscheint, würde dies einem Zustand der Desorientierung des Individuums entsprechen. Psychologisch gesehen, würde Ogun dann in Affektausbrüchen erfahren, mit der damit einhergehenden zerstörerischen Wirkung auf das Bewußtsein.[42] Eine Person in einem solchen Zustand würde der Nago rasch zu einem Seher führen. Der die Störung verursachende Gott könnte dann von ihm identifiziert werden, und der Gestörte würde in den Kult seines Gottes initiiert, welcher dann abschließend zum König seiner Seele, sein höchster Führer und Wertmesser würde. Diese Initiation, die den Gott auf menschlicher Ebene annehmbar macht oder – um es besser zu sagen – erträglich, ist mit dem Geheimnis des *mariwo* verbunden. Ogun in seinem Tempel, umgeben von Palmwedeln, ist der Gott, der höchste Wert, im Zentrum des Mandala.

---

[41] Über den symbolischen Zusammenhang von Pflanzen mit Todes- und Auferstehungsmotiven, die für Osiris in Ägypten besonders eindrucksvoll sind, vergleiche man MARIE-LOUISE VON FRANZ: Traum und Tod, insbesondere Kapitel 2: Die Vegetation: Baum, Gras, Korn und Blume. In diesem Kapitel führt Dr. VON FRANZ den letzten Traum einer Frau vor ihrem Tod an, in welchem sie in einen *Palmbaum,* als den mittleren von drei Bäumen, verwandelt wird. Vgl. auch: JANE WHEELWRIGHT: The Death of a Woman, 269.

[42] Die heutige Psychopathologie würde ihn neurotisch nennen, denn Neurosen sind die modernen, westlichen Formen der Gotteserfahrung. Die Götter sind nämlich nicht verschwunden, doch im Lichte des Rationalismus sind sie zu Krankheiten verkommen. Dies ist der Grund, weshalb die frühen Studien über die Neger in Brasilien, die von Ärzten gemacht worden waren, in gewissen Formen des religiösen Verhaltens der Nago nichts anderes als Pathologie erkennen konnten.

Daß der Gott sich mit Pflanzen bekleidet, deutet auf eine geistige Form der Verwirklichung. Nach JUNG ist das pflanzliche Leben ein Symbol für den sich entfaltenden Geist im Menschen.[43] Die Pflanze, die stetig von unten nach oben wächst, sich vom Samen zum Baum entwickelt, stellt ein inneres Wachstum dar und offenbart die geistige Dimension des menschlichen Lebens.[44] Diese Entfaltung des geistigen Lebens ist eine schöpferische psychische Aktivität, die mit Hilfe von Symbolen die bewußte Verwirklichung des feurigen (‹roten›) Poles der instinktiven Psyche ermöglicht, ohne damit das Risiko einzugehen, von der Dynamik dieses Prozesses zerstört zu werden.[45] Auf Ogun bezogen könnte das heißen, daß dieser Gott – indem er sich mit Pflanzen bekleidet – uns zeigt, daß er nicht nur eine außerordentlich mächtige, instinktive Dynamik enthält, sondern zugleich auch deren natürliche Steuerung, eine geistige Funktion oder Form von Aktivität, durch welche seine gefährliche Seite ‹bekleidet› und so faßbar wird. Anders gesagt, der zugrundeliegende Sinn wird begriffen und schließlich als ein höchster Wert – im Symbol von Ogun als König – integriert. Diese Umwandlung wird hier als ein unergründliches Geheimnis ausgedrückt. Mir scheint, daß der Nago durch das Symbol des *mariwo* (Palmwedels) auf die fundamentale Wahrheit verweist, daß das Leben numinose Aspekte oder Mächte aufweist, denen man sich nur mit einer religiösen Einstellung nähern darf und die nur so gewandelt werden können.

Diese Umwandlung von roher Triebkraft in eine geistige oder kultivierte Form ist auch in andern symbolischen Aspekten Oguns gegenwärtig. Als Schmied zum Beispiel ist er derjenige, der das Feuer bezähmt und kontrolliert, indem er Geräte aus Eisen schafft, die in der Landbebauung, beim Jagen und im Krieg benutzt werden. Zudem

---

[43] CARL GUSTAV JUNG: The Visions Seminars, 100.

[44] Man darf nicht vergessen, daß der Palmbaum eine der wichtigsten symbolischen Darstellungen für Ifa ist, den Yoruba-Gott der Weisheit und der Divination.

[45] Ich meine hier das Problem der Integration des Instinktes, wie es JUNG in seiner Arbeit ‹Theoretische Überlegungen zum Wesen des Psychischen› erwähnt: «Das Absinken in die Triebsphäre führt darum nicht zur bewußten Realisierung und Assimilation des Triebes, weil das Bewußtsein sich sogar mit Panik dagegen sträubt, von der Primitivität und Unbewußtheit der Triebsphäre verschlungen zu werden» (JUNG: GW 8, § 415). Er führt dazu weiter aus: «Der Archetypus aber als das Bild des Triebes ist psychologisch ein geistiges Ziel, zu dem die Natur des Menschen drängt» (ebenda. Vgl. auch § 414). Nach meiner Ansicht ist das *mariwo,* das einen zentralen Inhalt des Geheimnisses isoliert und beschützt, ein passendes Symbol für eine religiöse Haltung, die schließlich dazu führt, Oguns feurige Natur zu integrieren.

gehört ihm das Messer für das Opferritual, welches die Verbindung zwischen Göttern und Menschen wieder herstellt.

Mit dem Hirschfänger aus Eisen, dem für ihn charakteristischen Werkzeug, öffnete Ogun den Göttern einen Weg, als diese am ersten Tag der Schöpfung an einem Ort ‹Ohne Straße› in Stockung gerieten.[46] Nur er konnte einen Pfad durch den dichten Urwald schlagen. Wenn die Nago heutzutage den Anfang aller Zeiten in religiösen Zeremonien wieder entstehen lassen und wenn sich dann die Götter in der Trance manifestieren, indem sie in die Körper ihrer Verehrer eintreten, ist es immer noch Ogun, der zuerst kommt und sein Buschmesser in der Luft schwingt, um so den Weg für die andern Götter freizumachen. Wie IDOWU sagt, ist dies der Grund, daß «auf dem Weg zu jeder Höhle oder jedem Schrein dieses wichtigen Gottes in Ile-Ife (Nigerien) ... ein Emblem von Ogun aufgestellt ist, als deutliches und unübersehbares Zeichen des Glaubens, daß es ohne Ogun keinen ‹Weg› für die oder zur Gottheit gibt».[47]

In MAUPOILS Buch über das Ifa-Orakel zeigt sich Ogun auch mit der Idee verbunden, daß er einen Weg durch irgendein Hindernis bahnt. Nach diesem Autor gehört das neunte Haupt-Orakelzeichen, das *Guda-meji,* zu Ogun.[48] Es ist ein gefährliches Zeichen, das über die männlichen Geschlechtsteile herrscht und dessen Hauptsymbol der Hirschfänger, *gubasa* geheißen, ist. Über den *gubasa* sagt er folgendes: «Die Fa (Orakelzeichen), deren Name auf *guda* ausgehen, befehlen gewissen Personen, mit einem *gubasa* in der Hand aus der Stadt hinauszugehen. Diese Waffe soll ihnen einen Weg durch das Unglücksgeflecht bahnen, in das sie das Schicksal am Tag ihrer Geburt verwickelt hat.»[49]

Diese schneidende und durchdringende Aktivität Oguns weist darauf hin, daß er die Verköperung des Logos-Prinzips ist, das Prinzip der Unterscheidung, des Durchdringens, des aktiven Verstehens. Dieses der männlichen Psyche zugehörige Prinzip wird in den vielfältigen Aspekten Oguns widerspiegelt. In den beiden oben erwähnten Situationen ist es der Hirschfänger, der das Eindringen in die Bedeutung

---

[46] IDOWU: Olódùmarè, 86.
[47] Ebenda.
[48] MAUPOIL: La géomancie, 499ff. Für JUDITH GLEASON bedeutet dieses Zeichen «männliche Aggressivität und ‹techne›». Vgl. ihr Buch: A Recitation of Ifa, the Yoruba Oracle, 12.
[49] MAUPOIL: La géomancie, 173.

eines Problems ermöglicht und damit einen Weg zur weiteren Entwicklung öffnet. Der Wald am Anfang aller Zeiten ist vergleichbar mit dem ursprünglichen Zustand der Unbewußtheit, wogegen das ‹Unglücksgeflecht› im Leben eines Menschen eher eine unglückliche Verstrickung beschreibt, in die er aufgrund negativer, unbewußter Faktoren geraten ist. Für den Nago hat eine solche Situation üblicherweise mit einer unsichtbaren Macht zu tun, deren Berücksichtigung übersehen worden ist. In solchen Fällen schreiben die Orakeltexte immer ein Opfer vor. Wie ich schon sagte, gehört auch das Messer zum Töten von Tieren zu Ogun. Indem er das Tier tötet, öffnet er einen Durchgang zum Jenseits, durch welchen sein Bruder Eshu das im Blut vorhandene *ashe* (force vitale, mana) zu den Göttern trägt, wobei *ashe* durch das Töten befreit wird. Das Opfer stellt die Beziehung der Person zum grollenden Gott wieder her und öffnet so einen Weg zur Erlösung seiner Seele. Wiederum ist hier die für Ogun typische Aktivität diejenige, die das Göttliche in Beziehung zum bewußten Leben des Menschen setzt.[50]

Auch in meinem Traum, der als Initialtraum zu einem langen Prozeß der Auseinandersetzung mit dem afrikanischen Geist führte, war Ogun der *Asiwaju*, «Jener-der-zuerst-kommt», der Pionier-Gott. Es ist nun interessant zu beobachten, wie dieser unbewußte Prozeß genau die gleichen Bahnen eingeschlagen hat wie der Mythos der Nago. Noch heute bin ich darüber äußerst erstaunt, denn zu jener Zeit wußte ich wirklich nur wenig über Ogun. Aus diesem Grund konnte ich mir auch nicht vorstellen, wie sinnvoll der Traum auf eine mit den Nago-Mythen vertraute Person gewirkt hätte. Jedenfalls führten mich die Bilder, wie die oben angeführten Amplifikationen zeigen, mitten ins Herz der Nago-Religion. Die erste Wirkung davon war, daß alle Hindernisse auf meinem Weg zu Mestre Didi wie weggefegt waren. Ein Nago wäre darüber nicht im geringsten erstaunt gewesen, weil für ihn dieses ‹Den-Weg-Freimachen› eben gerade das ist, was Ogun tut.

---

[50] Ein letzter wichtiger Aspekt von Ogun bleibt noch zu erwähnen: Er ist der Gott, der die Eide überwacht. Der durch Lecken an einem Stück Eisen geschlossene Pakt wird als der am meisten verpflichtende betrachtet. Ogun ist Bürgschaft und Beweis dafür, daß das gegebene Wort der reinen Wahrheit entspricht. Diese Funktion stellt ihn in den Mittelpunkt der ethischen Werte der Yoruba. Aus diesem Grund wird das Böse nie mit ihm assoziiert, obwohl er gewalttätig und manchmal ausgesprochen destruktiv ist. Im Gegenteil, er steht paradigmatisch für Gerechtigkeit, Fairneß und Redlichkeit. Vgl. dazu IDOWU: Olódùmarè, 51, 88.

Psychologisch betrachtet, weist Oguns Erscheinen darauf hin, daß eine sehr tiefe und archaische Schicht der Psyche angerührt und aktiviert wurde, wie dies sein ehrwürdiges Alter und sein ursprünglicher Mythos andeuten. Solche Aspekte werden heute noch im Gedächtnis des Nago lebendig erhalten, und zwar durch die erneute Vergegenwärtigung von Oguns Leben in religiösen Zeremonien und durch seine Gegenwart in Ritualen von zentraler Bedeutung, wie zum Beispiel im Opferkult. Im Traum kommt die durch ihn verkörperte seelische Wirklichkeit durch den Prozeß «der Erinnerung an die prähistorische Welt», wie JUNG sagt, zu erneutem Leben, ein Prozeß, der auf eine Erweiterung des Horizontes der bewußten Persönlichkeit hinzielt. Der überwältigende Eindruck seiner Erscheinung als eines Mannes von großer, übermenschlicher Gestalt – des *homo altus!* – und die ihn begleitende und nachfolgende Gefühlsintensität sind charakteristisch für ein archetypisches Erlebnis, ähnlich einem Einbruch des Unbewußten mit all seinen gefährlichen, aber auch erlösenden Möglichkeiten. Alle Kennzeichen dieses Traumbildes sowie die Eigenschaften Oguns als ‹Jener-der-zuerst-kommt› deuten darauf hin, daß er mit dem Bild des Ersten, Ursprünglichen Menschen verwandt ist, dem Menschen, der in sich – *in potentia* – alle höheren Lebensmöglichkeiten trägt, die in der menschlichen Natur enthalten sind. Psychologisch ist er ein Bild des Selbst, eine dem Ich übergeordnete Instanz der Persönlichkeit, welche die ganze Psyche umfaßt und doch ihr Zentrum ist. Im noch jungen Menschen stellt sein Erscheinen eher eine Präfiguration des Selbst dar oder eine Vorwegnahme jenes Augenblicks, in welchem – um es mit JUNG zu sagen – «der längst erwartete Freund der Seele, der Unsterbliche» kommen wird, um «‹sein Gefängnis gefangen zu führen›».[51] Daraus wird nun ersichtlich, was das war, das in mir vom afrikanischen Mythos getroffen wurde und langsam zum Leben erwachte, indem ich mich der Wirklichkeit des ‹Schwarzen› annäherte: Aus der Sicht der objektiven Psyche bedeutete diese Annäherung eine innere Bewegung auf den Seelenfreund zu, den Unsterblichen, das Selbst. Daß dieser symbolisch von einem afrikanischen Gott dargestellt wird, ist der Reflexion würdig. Immerhin könnte man JUNGS abschließende Worte zu seinem Traumanalyse-Seminar von 1930 anführen und mit ihm fragen: «Warum sollte unser Erlöser nicht ein Neger sein? Es wäre logisch und psychologisch richtig.»[52]

---

[51] JUNG: Über Wiedergeburt. GW 9/I, § 217.
[52] JUNG: Dream Analysis, 706.

Die hauptsächlichsten psychologischen Ergebnisse des Traumes zusammenfassend, ergibt sich folgendes Bild:

1. *Die bewußte Situation:* Der Träumer ist ein junger Mann in seinen Zwanzigerjahren an der Schwelle zum Erwachsenen und von ausgesprochen introvertiertem Charakter. Seine natürliche Aufgabe für die kommenden Jahre ist, seinem Alter entsprechend, ein ‹Ins-Leben-Hinausgehen›, um im Leben etwas zu erreichen. Seine eigentliche Schwierigkeit besteht in seiner introvertierten Veranlagung, die ihn etwas unentschlossen macht.

2. *Die unbewußte Situation:* Diese wird durch den Traum dargestellt und zeigt die Konstellation zweier unbewußter Faktoren, personifiziert in den Gestalten eines unbekannten, alten Mannes und des Gottes Ogun. Als überlegene männliche Figuren sind sie beide für die männliche Psyche typische Aspekte des Selbst, des Zentrums der Persönlichkeit.

Der *alte Mann* symbolisiert Weisheit, überlegene Einsicht und Entschlußkraft hinsichtlich der Bedürfnisse der seelischen Ganzheit.

Ogun, als eine göttliche Figur, stellt die Seite des Selbst dar, die ihre souveräne Autonomie im Wechselspiel der Psyche dauernd bewahrt, und als unerschöpflicher Lebensquell symbolisiert er deren emotionale, dynamische und energetische Aspekte. In ihm werden die schöpferischen, aber dennoch dunklen Seiten des Selbst speziell betont. Ebenso ist er das regulierende Prinzip der männlichen Psyche, der Logos, und die Verkörperung der Tatkraft an sich, weil er als der Mann der schöpferischen Tat am Anfang aller Zeiten geschildert wird.

Wenn man die bewußte Situation des Träumers mit der Reaktion des Unbewußten vergleicht, versteht man, was JUNG meint, wenn er von der kompensatorischen Funktion der Träume spricht, die zu einer erweiterten und ganzheitlichen Orientierung der bewußten Einstellung führen. Denn der alte Mann und Ogun verleihen der bewußten Einstellung Einsicht, energische Entschlossenheit und die schöpferische Kraft des männlichen Instinktes, alles Eigenschaften, die der ziemlich schüchterne junge Mann benötigt, um dem Leben zu begegnen. Der prognostisch positive Aspekt des Traumes liegt darin, daß die autonome und potentiell gefährliche Dynamik, dargestellt in der Gestalt Oguns, von einem *menschlichen* Wesen vermittelt wird, das die der menschlichen Natur innewohnende Fähigkeit zur Reflexion besitzt. Diese vermittelnde Funktion führt den Gott als einen Ahnen ein, als einen beschützenden Geist. Dadurch wird angedeutet, daß eine positive Beziehung zu ihm möglich ist, so daß er ins Leben integriert werden kann. Kurzgefaßt könnte man sagen, daß das Ziel darin besteht, die zwei Hälften der Persönlichkeit zusammenzuführen: auf der einen Seite das junge, bewußte Ich, und auf der andern das Unbewußte, das heißt das ursprüngliche und instinktive Wirken der Psyche und die in ihr enthaltene natürliche Weisheit. Der Nago, der die Unschlüssigkeit des jungen Mannes als ein Zeichen dafür deuten würde, daß seine zwei *iyè* nicht übereinstimmen, würde vielleicht sagen, daß der Traum bezwecke, das persönliche und das anzestrale Gedächtnis in eine Harmonie zu bringen, so daß der Lebensstrom wieder fließen kann. Dieses Einstimmen der zwei Gedächtnisse aufeinander würde durch ein Wiedererinnern Oguns als sein göttlicher Ahne, sein Ursprung und sein Schöpfer geschehen. Diese Vereinigung mit dem Gott würde im realen Leben natürlich einen bestimmten Kult und ein Opfer verlangen. Das zeigt uns, daß sowohl JUNG als auch der Nago eigentlich dasselbe meinen, obwohl jeder eine andere Sprache spricht. Beide streben nach einer Vereinigung der individuellen Psyche mit ihrer anzestralen, tieferen Schicht, mit ihrem Ursprung und mit der Quelle des Lebens.

Als eine letzte Überlegung möchte ich hervorheben, daß dieser Traum ein eindringliches Beispiel dafür ist, wie das Unbewußte durch seine belebende Wirkung das Individuum dazu anregen kann, hinaus ins Leben zu treten, um dort sinnvolle Beziehungen aufzunehmen – in meinem Fall: mit Mestre Didi. In Anbetracht der weitverbreiteten Ansicht, daß man Gefahr laufe, sich vom Leben abzuschneiden, wenn man sich zu viel ‹mit dem Unbewußten beschäftige› und so ein beziehungsloser, isolierter Mensch werde, ist es angebracht, diese positiven Aspekte zu betonen. Wie man am Beispiel dieses Traumes sieht, sind solche Ansichten nichts als Vorurteile, die keineswegs den tatsächlichen Gegebenheiten entsprechen.

****

Mein erster Entschluß nach dem obenerwähnten Traum war, ihn Mestre Didi zu erzählen. Ich hoffte, er würde dafür empfänglich sein, denn mir schien er darauf hinzuweisen, daß hinter meinem Interesse für seine Religion etwas Tieferes und Echteres steckte als nur reine Neugier. Mehr als alles andere schien der Traum auszudrücken, wie sehr mich die religiösen Vorstellungen der Nago ergriffen hatten. Dies war auch tatsächlich so, denn diese Traumbilder lösten in mir einen Sturm von Gefühlen aus, die meine Gedanken mit Fragen überschwemmten, auf die ich keine Antwort wußte. Wie konnten ich und ein Afrikaner verwandt sein? Weshalb wurde ich im Traum von einem afrikanischen Gott besucht? Wozu dieses Beharren auf solch naher Beziehung zwischen mir und afrikanischen Wertvorstellungen? Solche Fragen beschäftigten mich außerordentlich und ließen mir keine Ruhe. Das Ergebnis davon war, daß ich eines Tages tatsächlich die gleiche Straße hinunterging, auf der ich auch im Traum gegangen war – jene Straße, die zu Mestre Didi führte. Er empfing mich in seinem Atelier, wo er – wie ich vermute – offenbar arbeitete. Er war still und introvertiert wie immer, und die gleiche Atmosphäre von Ruhe, die ich bereits bei unserer ersten Begegnung verspürt hatte, herrschte auch hier, obwohl die afrikanischen Objekte im Raum meinen Puls schneller gehen ließen. Sie waren so kraftvoll! Ich erzählte ihm rasch den Traum. Er hörte aufmerksam zu, und als ich fertig erzählt hatte, bat er mich zu gehen und in drei Tagen zurückzukehren. Er schien etwas im Sinn zu haben, sagte aber nichts darüber. Als ich am festgesetzten Tag zurückkam, übergab er mir einen Zettel, auf dem der Name des *orisha,* dem ich zugehörte, aufgeschrieben war sowie auch das Opfer, das diesem Gott, entsprechend meiner damaligen Situation, dargebracht werden sollte. Wiederum sagte er zu meinem Erstaunen nichts. Da kamen weder Gebote noch Empfehlungen darüber, was ich tun sollte. Ob ich das Opfer darbringen wollte oder nicht, lag offensichtlich in meiner eigenen Entscheidung. Das mußte der nächste Schritt sein. Bevor ich mich jedoch näher damit befasse, habe ich noch einiges über die Natur der *orisha* zu erklären und was es bedeutet, einem von ihnen anzugehören.

Die *orisha* sind die Götter der Yoruba. In ihnen verschmelzen die Vorstellungen von Gott und mythischem Ahnen in typisch afrikanischer Art.[53] Einige Mythen betonen deren göttlichen Aspekt, während andere Erzählungen sie als Menschen darstellen, als die mythischen Ahnen der Yoruba, die am Anfang aller Zeiten auf Erden lebten, die ersten Königreiche und Städte gründeten und nachträglich zu *orisha* wurden.[54] Als göttliche Wesen wurden sie vom Höchsten Gott, Olodu-

---

[53] Es ist indessen zu beachten, daß die Nago den *orisha* von ihren direkten Ahnen, den *egun,* deutlich unterscheiden. Diese werden in einem anderen Kult angerufen und verehrt.

[54] Vgl. PIERRE VERGER: Os Orixás, besonders Kap. I.

mare, mit bestimmten Aufgaben bei der Erschaffung der Welt und deren anschließender Lenkung betraut. Entsprechend erhielt jeder von ihnen, das heißt jeder der großen Yoruba-Götter, die Kontrolle über einen bestimmten Bereich des Kosmos, wie zum Beispiel über das Meer, über die Wasser der Flüsse oder über den Blitzschlag. Des weiteren entsprechen jedem dieser Bereiche des Kosmos oder der Natur gewisse Aspekte des Lebens und eine Funktion oder ein Element in der Konstitution des Menschen.[55] Diese verschiedenen, von einem Gott überwachten Bereiche bilden ein komplexes und oft äußerst subtiles System von Entsprechungen, ähnlich der Theorie der *correspondentia* der mittelalterlichen Naturphilosophen. JUNG verweist auf sie in seinem Aufsatz über Synchronizität.[56] Im religiösen System der Nago hat jeder Gott seine bestimmten Farben, seine Opfertiere, seine Art von Nahrung und sogar seine spezielle Zahl – nebst den bereits erwähnten, rhythmischen Mustern.

Dieses Durchdringen der Welt eines jeden *orisha* findet in einem Mythos, den IDOWU[57] erzählt, seinen symbolischen Ausdruck: Er erzählt von der Zerstreuung Orishanlas, des ältesten und wichtigsten Yoruba-Gottes. In diesem Mythos wird Orishanla durch einen großen Stein in Stücke zerschlagen, den ein neidischer Sklave, Atowoda, gegen den Gott rollen ließ, als dieser einen Hügel auf dem Weg zu seinem Haus hinaufstieg. Rasch erreichte diese Unglücksbotschaft Orunmila (Ifa), den Gott der Divination. Dieser beklagte das Schicksal des großen Gottes heftig und ging darauf auf die Suche nach dessen zerstreuten Teilen. «Er sammelte diese in einer Kalebasse und trug sie nach Iranjé, in die Stadt der höchsten Gottheit. Dort legte er einen Teil der Stücke nieder und verteilte den Rest ‹über die ganze Welt› als Ohun-ti-a-ri-sà – ‹Das, was vom höchsten Gott gefunden und gesammelt wurde›.» Für IDOWU könnte der Name *orisha* eine Verkürzung von ‹Ohun-ti-a-ri-sà› sein. Die Vorstellung von *orisha* würde dann die Bedeutung von ‹das, was gefunden und zusammengetragen wird› beinhalten. In ähnlicher Weise wird auch Eshu in Stücke zerschnitten und von Ifa über die ganze Welt ausgestreut.[58] Ifa tat dies, um Eshus unersättlicher Gier ein Ende zu setzen. Jeder Teil seines Körpers

---

[55] JUANA und DEOSCOREDES DOS SANTOS: Èsù Bara, 46. So ist zum Beispiel Ogun der Herr des Eisens in der Natur und im Krieg und Herr der Eisenwaren im Alltag. Im individuellen Bereich hat er einen Einfluß auf die männlichen Körperteile.

[56] JUNG: Synchronizität als ein Prinzip akausaler Zusammenhänge. GW 8, §§ 924ff.

[57] IDOWU: Olódùmarè, 59f.

[58] JUANA ELBEIN DOS SANTOS: Os Nàgó e a Morte, 135ff.

wurde zu einem Stück Laterit, einem ziegelroten Stein. Im Mythos gibt es später eine Aussöhnung der zwei Götter, und seit dieser Zeit ist Eshu in jedem Wesen gegenwärtig und wird durch einen solchen roten Stein symbolisiert.[59] Wie ich bereits erwähnt habe, repräsentiert er das *principium individuationis,* das jeglicher Existenz innewohnt. Leider kann ich diese Mythen hier nicht weiter behandeln, sondern muß mich darauf beschränken, die Verbindung des Motivs vom zerstückelten Gott mit dem System der Entsprechungen bei den Nago darzustellen. Es ist wichtig, sich die Rolle von Ifa in beiden Mythen in Erinnerung zu halten. Sie soll aber erst später erklärt werden. Diese Yoruba-Erzählungen sind eine Parallele zu den Mythen vom zerstükkelten Osiris in Ägypten[60] und von Dionysos in Griechenland. Nach JUNG ist eine der Folgen von Dionysos' Zerstückelung, daß «der göttliche Funke in alles hineingelangte, der göttliche Samen in die Erde eindrang».[61] Dies gilt auch für die Yoruba-Götter, die in allen ihnen verwandten Elementen und Wesen der Welt gegenwärtig sind. In gewisser Weise ist es so, als könnte man über diese Elemente und Wesen Resonanzen eines jeden *orisha* im ganzen Universum hören – vom Kern der Materie bis hin zu den tiefsten Schichten der menschlichen Seele. Dieses Denken und Fühlen in Begriffen der mythischen Entsprechung ist ein wesentliches Merkmal der Nago-Mentalität und wird besonders – wie wir später noch sehen werden – in Fragen der Divination und der Bestimmung von Opfergaben wichtig.

Nebst seiner Kontrolle über bestimmte Bereiche der Welt kann ein *orisha* auch direkten Einfluß auf die Empfängnis eines Kindes haben. Oder anders gesagt, man glaubt, daß jeder Mensch durch die Wirkung eines bestimmten *orisha* zur Welt kommt. In dieser Rolle wird er zu seinem persönlichen Gott, zu seinem göttlichen Ahnen. Diese Vorstellung wird auf vielerlei Arten und in vielen Bedeutungsnuancen ausgedrückt. So benutzt zum Beispiel LALÈYÊ[62] das Yoruba-Verb ‹Ya› für diese Handlung des Gottes, ein Wort, das er ins Französische mit «appeler à l'être ou à l'existence» übersetzt. Wie er erklärt, ist *orisha* nicht eigentlich der Schöpfer eines Menschen, sondern er ‹ruft› ihn ins Leben oder ins Dasein in dieser Welt. In dieser Vorstellung

---

[59] In einer Volkserzählung der Ashanti wird der Streit auch durch das Zerschmettern eines Mannes, der ‹Er-haßt-die-Widerrede› heißt, in die Welt gebracht. Dieser wird am Schluß der Geschichte von Ananse, dem Ashanti-Trickster, getötet. Vgl. PAUL RADIN, Hrsg.: African Folktales, 201.

[60] CARL GUSTAV JUNG erzählt diesen Mythos in: Symbole der Wandlung. GW 5, §§ 350ff.

[61] JUNG: The Visions Seminars, 462.

[62] LALÈYÊ: La conception de la personne, 137.

erscheint der Gott in einer aktiven Rolle, während im erleuchtenden Divinationstext, der von JUANA und DEOSCOREDES DOS SANTOS[63] besprochen wird, jeder Mensch durch die Wahl seines Kopfes vor der Geburt seinen *orisha* selber bestimmt. Jeder Mensch muß beim Töpfer-Gott Ajala seinen Kopf auswählen, wenn es für ihn Zeit ist, auf Erden geboren zu werden. Der Töpfer-Gott formt die Köpfe aller Menschen. Im Kopf – *ori* in der Sprache der Yoruba – wohnt unser individuelles Schicksal, unser Glück auf Erden. Der Begriff verweist eher auf etwas Abstraktes, Symbolisches als auf den nur konkreten Körperteil. Seine Bedeutung liegt eher im Sinne von *ori-inu,* dem inneren Kopf, der das Wesen der Persönlichkeit ausmacht.[64] Einige Mythen berichten, daß der Kopf selbst vor dem Höchsten Gott kniet, um sein Schicksal zu wählen.[65] Auf jeden Fall ist der *ori* immer mit dem persönlichen Schicksal eines Menschen verbunden, weshalb der Augenblick des Auswählens vor der Geburt sehr heikel ist. Der Töpfer-Gott formt nämlich gute und schlechte *ori,* und nach den Erzählungen von der Ifa-Weissagung ist es unmöglich, die guten und die schlechten Köpfe voneinander zu unterscheiden, denn von außen sehen alle gleich aus. Damit verweist die Vorstellung des *ori* deutlich auf eine innere Wirklichkeit, auf etwas Verborgenes, das jeder Mensch in sich trägt und das sein Schicksal bestimmt.

Wenn der Töpfer-Gott die Köpfe formt, verarbeitet er für jeden ein anderes Material, von dem er ein Stück nimmt. Dieses Stück Material heißt in der Nago-Sprache *ipori*[66] und in der Fonsprache *kpoli*[67] und bedeutet sowohl ‹Los› als auch ‹Schicksal›.[68] Im Grunde stellt dieser Anteil den anzestralen Stoff eines Menschen dar, seinen Ursprung und seinen Lebensquell. Man könnte es sehr wohl die *prima materia* einer Person nennen, dies wäre tatsächlich ein sehr passender Ausdruck, denn der größte Teil des religiösen *opus* der Nago liegt in der Wandlung dieser Ahnensubstanz im Kopf durch die Initiation und andere Kulthandlungen, wie dem *bori,* der Opfergabe für den Kopf. Diese Substanz ist deshalb so wichtig, weil sie auch die Natur des *orisha*[69] dieser Person bestimmt, indem jede Art von Material wieder einem andern Gott zugehört: Eine Folge des obenerwähnten Systems seiner

[63] JUANA und DEOSCOREDES DOS SANTOS: Èsù Bara, 51ff.
[64] IDOWU: Olódùmarè, 60.
[65] Ebenda, 171 (IDOWU vergleicht *ori* mit dem römischen Genius).
[66] JUANA und DEOSCOREDES DOS SANTOS: Èsù Bara, 51.
[67] MAUPOIL: La géomancie, 319ff.
[68] IDOWU: Olódùmarè, 171.
[69] JUANA und DEOSCOREDES DOS SANTOS: Èsù Bara, 47.

Entsprechungen in der Welt.[70] Wenn der Töpfer-Gott zum Beispiel den Kopf eines Menschen aus einem Stück vom Palmbaum erschafft, muß diese Person den Gott Ifa verehren[71], zu dem die Palme gehört. Andere Menschen werden aus Stein geschaffen oder aus Tonerde oder aus Kohle, und damit ist dann ihr persönlicher *orisha* bestimmt. Dieser Gott wird dann zur göttlichen Quelle des Lebens ‹seines› Menschen, sein *Eleda*[72] oder sein Schöpfer – ein Titel, der dem Höchsten Gott selbst gehört.[73] Dies zeigt die enorme Bedeutung, die *orisha* in seiner Rolle als «Herr des Kopfes» (Lord of the Head) – wie er genannt wird – für den Menschen hat. Diese zentrale Funktion der persönlichen Gottheit erklärt auch, weshalb PIERRE VERGER in seinem monumentalen Werk über den *Orisha- und Voodoo-Kult* in Brasilien und Afrika sagt, daß die Nago-Religion ein System von «nebeneinander gestellten, multiplen Monotheismen» sei.[74] Mit andern Worten, jeder Mensch neigt dazu, sich auf die Verehrung seines eigenen Gottes zu beschränken, es sei denn, er werde in einem Traum oder durch Weissagung gewarnt, er müsse auch einem andern Gott Tribut zollen.

Das Ergebnis dieser Kindschaft zu einem Gott bewirkt, daß jeder Mensch sozusagen durch mythische Entsprechung in einen bestimmten Bereich eines ganzen Beziehungsnetzes integriert wird, welches das ganze Universum umfaßt. Auf diese Weise, durch die Enthüllung seines *orisha* nämlich, der auch die Natur seines Kopfes offenbart, wird der Mensch sozusagen in die Welt hineingeboren, denn so findet er seinen ihm bestimmten Platz im Ganzen der Schöpfung. Er weiß dann, woraus er geformt wurde, zu wem er gehört, und er wird allmählich jene Menschen treffen, die eine ihm ähnliche Wesensart

[70] Man muß dabei unbedingt berücksichtigen, daß dieses System nicht im geringsten eine feste oder starre Klassifizierung von Dingen gemäß dem ihnen entsprechenden *orisha* ist. In Wirklichkeit findet man im Yoruba-Denken keine allzu starren oder festgelegten Bedeutungen oder eindeutige Konzepte von Dingen. Alles darin scheint sich ganz im Gegenteil in einer Art fließendem Zustand zu befinden, in welchem jede Idee in all ihren möglichen Bedeutungsnuancen schimmern kann. Manchmal überschneiden sich die Konzepte, besonders wenn es um das Bemühen geht, einen zentralen Faktor von geheimnisvoller Natur zu erfassen. Die Frage der Herkunft eines Kindes und dessen Schicksal ist ein Beispiel dafür: darum herum bildet sich eine Anhäufung von Ideen wie *ori, ipori, orisha* und des Ahnen. Über die gleichen Charakteristika im Denken von PARACELSUS und allgemein in der Alchemie vergleiche man JUNG: Paracelsus als geistige Erscheinung. GW 13, § 178.

[71] JUANA und DEOSCOREDES DOS SANTOS: Èsù Bara, 47.

[72] JUANA ELBEIN DOS SANTOS: Os Nàgó e a Morte, 207f.

[73] IDOWU: Olódùmarè, 39.

[74] VERGER: Notes sur le culte des Orisa, 11.

haben. Es ist dieses Wissen, das mir Mestre Didi im Grunde verlieh, als er mir die Information über den Namen meines *orisha* verriet. Tatsächlich verwies er mich auf die gleiche Art von Wissen, auf welche GERHARD DORN weist, wenn er sagt: «Niemand aber kann sich (selber) erkennen, wenn er nicht weiß, *was,* und *nicht wer* er selber ist; von wem (oder von was) er abhängt, oder wessen er ist (bzw. wem oder wohin er gehört) und zu welchem Zwecke er erschaffen ist.»[75] JUNG erklärt, daß hier nicht das subjektive Wissen des Ichs gemeint ist, sondern das objektive Wissen der menschlichen Psyche selbst, das Wissen des Selbst. Auf gleiche Weise könnte man sagen, daß die geheimnisvolle Substanz, aus der unser Kopf gemacht ist und die unser Schicksal besiegelt, eine psychische Substanz ist; oder es ist vielleicht das Zentrum der objektiven Psyche an sich, das Selbst, das symbolischen Ausdruck im Bilde von jenem *orisha* findet, zu dem wir gehören.

Der symbolische oder psychische Charakter dieser Ahnensubstanz wird dadurch betont, daß sie ein unterscheidendes, ihr eine besondere Bedeutung verleihendes Merkmal hat.[76] Diese ‹Materie› ist deshalb eindeutig nicht nur etwas Stoffliches, sondern auch ‹Psychisches›. Ihr Unterscheidungsmerkmal ist eines der *odu,* wie die Divinationszeichen des Yoruba-Orakels Ifa heißen. Tatsächlich erzählt uns denn auch der von JUANA und DEOSCOREDES DOS SANTOS untersuchte Text, daß die Personifikationen aller Ifa-Hauptzeichen gegenwärtig sind, wenn der Töpfer-Gott die Köpfe formt. Sie sind es, die ihm bei dieser Handlung beistehen.[77] Als Folge davon kommt jeder Mensch unter einem bestimmten Zeichen zur Welt, jeder hat sein eigenes *odu.*

Diese Prägung der Ahnensubstanz mit einem Zeichen wird symbolisch in dem von MAUPOIL beschriebenen Initiationsritus der ‹Fa of the Forest› (Fa des Waldes) dargestellt, in welchem der Initiand sein *kpoli* erhält.[78] In diesem Ritual wird das Orakel direkt auf die Erde geworfen, auf den Boden, wo das *odu* der Person dann eingezeichnet ist. In der Folge wird ein Teil der Erde, genau vom Ort, wo das Zeichen

---

[75] Zitiert von JUNG in: Aion. GW 9/II, § 252. Vgl. auch CARL GUSTAV JUNG: Mysterium Coniunctionis 2. GW 14/II, § 346.

[76] JUANA und DEOSCOREDES DOS SANTOS: Èsù Bara, 51. Dies erinnert an die Zeichen, die vom Schöpfer-Gott der Dogon in die primordiale Matrix der Schöpfung, in die ursprüngliche Placenta, eingeprägt werden. Vgl. GERMAINE DIETERLEN: L'image du corps et les composants de la personne chez les Dogon, 208.

[77] JUANA und DEOSCOREDES DOS SANTOS: Èsù Bara, 52.

[78] MAUPOIL: La géomancie, 277ff., besonders 300ff., wo er die Zeremonie nach GEDEGBE als eine Kombination von Nago- und Fon-Ideen beschreibt. Für *kpoli* vgl. 319ff.

geschrieben steht, zum wichtigsten Bestandteil des symbolischen Gegenstandes, der sein *kpoli* darstellt. Dieses Stück Erde entspricht dem Anteil der Ahnensubstanz, die dem Kopf zum Ursprung verhalf, der – wie wir nun wissen – ein ganz bestimmtes Ifa-Zeichen trägt, so, als sei es darin selbst eingeprägt. Nach MAUPOIL ist dieses Zeichen «die Befruchtung des Individuums mit einem Fragment des göttlichen Wissens, das ihm beim Empfang seines *kpoli* enthüllt wird».[79] Es ist «die Stimme seines Vaters in ihm», wogegen die Erde seine Mutter wäre. Ein ergreifender Ifa-Text drückt auf unvergleichliche Weise die tiefe Betroffenheit der Nago über diese Stimme Gottes aus, die jeder Mensch in sich trägt. Ohne diese Stimme, heißt es, «kennst du nur die Dunkelheit; ein Kind kennt seinen Vater nicht. *Sprich zu mir, damit ich zu Dir sprechen kann; durch unsere Stimmen erkennen wir einander in der Dunkelheit.*»[80] Der Sprechende hier ist Ifa, den man auch ‹die Stimme Gottes› nennt.[81] Dieser Text weist auf die große Bedeutung des Orakels im Leben eines Nago als ein Mittel der Kommunikation zwischen ihm und den göttlichen Mächten hin, die sein Lebensschicksal formen. Denn mit Hilfe des *odu* wird ein Muster (pattern) enthüllt, das seinem Leben ein Gefühl der Ordnung gibt und es mit einem umfassenderen Sinn erfüllt.

Der Symbolgehalt des *kpoli*-Kultes scheint aufzuzeigen, daß dieses Ritual versucht, den Augenblick der Empfängnis des Initianden, in welchem sein Zeichen in die ursprüngliche Materie eingeprägt wurde, zu wiederholen. Die Inschrift seines *odu* auf der Erde erinnert eigenartigerweise an den Schöpfungsmythos. Es gibt viele Varianten dieses Mythos, die für uns hier wichtigen Elemente sind aber immer die gleichen. In allen wird die Erde durch die Tat eines fünfzehigen Huhnes, der ‹Erdausspreiterin›, geschaffen, welches in einem von Obatala (in einer andern Variante: Oduduwa) auf die Urwasser fallengelassenen Hügel von schwarzer, sandiger Erde scharrt. Indem das Huhn so scharrt, zerstreut es die schwarze Erde immer weiter, bis trockenes Land, die Erde selbst, erschaffen ist.[82] Interessanterweise ist das Verb

---

[79] Ebenda, 403f.

[80] Der Text wurde von EPEGA gesammelt und wird von WILLIAM BASCOM zitiert in: Ifa Divination (keine Seitenzahl: am Anfang des Buches vor den Illustrationen. Meine Hervorhebung).

[81] MAUPOIL: La géomancie, 16.

[82] DANIEL MCCALL: The Marvelous Chicken and its Companion in Yoruba Art and Myth. In: Paideuma Nr. 24, 138ff. Vgl. auch IDOWU: Olódùmarè, 19; und PETER MORTON WILLIAMS: An Outline of the Cosmology and the Cult Organization of the Oyo Yoruba. In: Peoples and Cultures of Africa, 655.

für die Handlung des Ifa-Werfens (Orakel), wenigstens in Dahomey, genau das gleiche, das man dafür benutzt, um zu beschreiben, wie das Huhn auf seiner Nahrungssuche in der Erde scharrt.[83] Ich kann nicht sagen, ob der Gebrauch dieses gemeinsamen Wortes für beide Vorgänge, für das Scharren der Urerde durch das mythologische Huhn und für das Werfen des Ifa-Orakels durch einen Weissagenden, absichtlich so ist. Trotzdem scheint mir die Beziehung sinnvoll, weil dadurch das Werfen des Ifa-Orakels eine symbolische Wiederholung der Welterschaffung darstellen würde. Es gibt noch andere Elemente, die auf diesen Sachverhalt verweisen; eines davon ist die Darstellung des Huhnes in der kunsthandwerklichen Schnitzerei der Yoruba, speziell in Kultobjekten für das Ifa-Orakel. Ich denke hier insbesondere an die Divinationsschalen, wie sie von McCall[84] beschrieben werden, die die Form eines von einer Frau getragenen Huhnes haben. Diesem Autor entsprechend sind dies Darstellungen des fünfzehigen Huhnes am Weltanfang, das von Oduduwa – hier als Erdgöttin – gehalten wird. Solche Schalen werden zum Aufbewahren der im Orakel benutzten Palmnüsse verwendet, die, wenn sie nicht benutzt werden, sozusagen im Schoße der Mutter Erde ruhen, symbolisiert durch die Göttin und ihr Tierattribut, das wunderbare Huhn. Auch dies weist meist auf eine Verbindung zwischen dem mythologischen Huhn und der Weissagung hin. Schließlich gibt es noch eine weitere Verbindung zwischen dem Schöpfungsmythos und Ifa: Im gleichen Mythos wird erzählt, daß das erste geschaffene Wesen nach der Trockenlegung der Welt ein Palmbaum war, der ein sehr wichtiges Symbol für diesen Gott ist. Die Verbindung wird noch dadurch verstärkt, daß in einigen Varianten des Mythos der Palmbaum sechzehn Äste hat, eine Anspielung auf die sechzehn Hauptzeichen des Ifa.[85] Meiner Ansicht nach ist diese Anhäufung von symbolischen Bildern um die Ifa-Divination im Schöpfungsmythos nicht zufällig, und sie weist darauf hin, daß der Prozeß der Divination sozusagen den ursprünglichen Augenblick der Weltschöpfung oder der Empfängnis des Menschen wieder einzufangen versucht. Folglich wäre der Augenblick der Divination eine dem Schöpfungsakt ebenbürtige Zeit, eine *coniunctio* von Himmel und Erde, von Vater und Mutter, eine Erinnerung an die Empfängnis aller Wesen. Ich glaube, dies ist der Grund, daß Idowu sagt, die ganze orale Tradition

---

[83] Maupoil: La géomancie, 220. Bascom (Ifa Divination, 40) braucht das Verb ‹da› für das Werfen von Ifa, das ebenso für das Ausstreuen von Korn für Hühner gebraucht wird.
[84] McCall: The Marvelous Chicken, 131ff., sowie Ill. 1 und 2. Vgl. auch Bascom: Ifa Divination, 32.
[85] Maupoil: La géomancie, 35ff. und 7, 42. Verger: Notes sur le culte des Orisa, 327, 328.

der Yoruba stimme darin überein, daß es Ifas besonderes Privileg sei, den Ursprung aller Dinge und Wesen zu kennen, einschließlich des Ursprungs der meisten Götter.[86] Auch was den Menschen betrifft, erzählen einige Mythen, daß Ifa – vielleicht der einzige – Zeuge des Geheimnisses der Schaffung jedes Menschen durch Orishanla sei, während andere Mythen Ifa in jenem Moment anwesend zeigen, wenn die Köpfe ihr Schicksal in Gegenwart von Olodumare wählen. Wenn das Individuum jedoch geboren ist, vergißt es, welches Schicksal sein Kopf gewählt hat; und es ist die Aufgabe der Divination, ihm dieses Schicksal wieder zu enthüllen in einer Art des Gedenkens, der Erinnerung seines Ursprungs.[87]

Dieses allmähliche Erinnern des eigenen Ursprungs mit Hilfe von Ritualen, bezogen auf den inneren Kopf und den persönlichen *orisha* in der Nago-Religion, gleicht dem von JUNG beschriebenen Individuationsprozeß. Auch dieser ist ein symbolisches Erinnern und eine Wiedervereinigung mit dem Selbst, dem Zentrum der Psyche. Ich glaube auch wirklich, daß jeder Nago mühelos verstehen würde, was JUNG in einem seiner Briefe mit den folgenden Worten zu diesem Prozeß aussagt: «Doch wie ein junger Mann nicht in seines Vaters Hause bleibt, sondern in die Welt hinausgeht, so schaue ich nicht zurück zum Selbst, sondern sammle Es aus vielfältigen Erfahrungen und setze Es wieder zusammen. Was ich zurückließ, anscheinend verloren, treffe ich in allem, das mir auf meinem Weg begegnet, und ich sammle Es und baue Es sozusagen wieder auf... Zwar ist das Selbst mein Ursprung, doch ist es auch Ziel meiner Suche... Ich muß Es in meinen Handlungen entdecken, wo Es zuerst in seltsamen Maskierungen wiedererscheint. Das ist einer der Gründe, warum ich Symbolik studieren muß, sonst liefe ich Gefahr, meinen eigenen Vater und meine eigene Mutter nicht zu erkennen, wenn ich ihnen nach vielen Jahren der Abwesenheit wiederbegegne.»[88] Das ‹Haus des Vaters verlassen› würde für einen Nago bedeuten, das *orun,* das Jenseits oder die andere Welt, zu verlassen, um ‹in die Welt hinauszugehen›, das heißt: Ins *aiyè,* in diese Welt, geboren zu werden. Auf das Selbst zurückzuschauen, oder auf

---

[86] IDOWU: Olódùmarè, 76. Im *I Ging,* dem chinesischen Orakel, sagt Konfuzius über den zweiten Strich im Hexagramm 16, ‹Die Begeisterung›: «Die Keime zu kennen, das ist wohl göttlich.»

[87] Entsprechend sagt der bei JUANA und DEOSCOREDES DOS SANTOS angeführte Text folgendes: «Die lebende Person, die keine Lösung für ihren Zustand hat, muß Ifa befragen, und Ifa wird dann einige Beispiele zum Wesen dessen enthüllen, aus dem sein Kopf geschaffen ist» (Èsù Bara, 52).

[88] JUNG: Briefe II, 424–426 (Brief an A. Vasavada, 22. November 1954).

die Wirklichkeit der jenseitigen Welt, wäre auch in seinen Augen gefährlich, denn das könnte ein Zeichen dafür sein, daß diese Person ein *abiku* sein könnte, einer von denen, die diese Welt verachten und mit dem befremdenden Wunsch geboren werden, sobald als möglich in die Gemeinschaft der Kinder im *orun* zurückzukehren. Das Wiedererinnern und die Wiedervereinigung mit dem Selbst entsprächen den obenerwähnten symbolischen Handlungen in bezug auf den Kopf und auf *orisha*. Auch *orisha* erscheint uns zuerst in verwirrender Verkleidung, entweder in Träumen oder in unserem Leben in allen möglichen negativen oder positiven Wendungen des Schicksals. Symbolik studieren würde heißen, sich mit der Weisheit der Divinationstexte von Ifa zu befassen, die uns lehren, wie wir das Wesen unseres Gottes erkennen können, wie wir auf die Stimme unseres Vaters, Olodumare, hören sollen und wie wir das unergründliche Geheimnis unserer Mutter Ile – die Erde – anzunehmen vermögen. Und schließlich, sie nach vielen Jahren der Abwesenheit wiederzutreffen, würde auf den Augenblick des Todes hinweisen, von welchem der Nago in äußerster Schlichtheit sagt, dies sei der Augenblick der Heimkehr.

****

Dieser kurze Einblick in den Bereich der Nago-Divination zeigte auf, daß es an Ifa liegt, uns die Natur unserer Köpfe zu enthüllen und folglich auch die Identität unseres *orisha*. Deshalb bin ich sicher, daß die mir von Mestre Didi bei meinem zweiten Besuch überreichte Information eine Botschaft war, die direkt von Ifa selbst kam. Wenn Ifa etwas enthüllt oder weissagt, ist darin immer ein Rezept für ein Opfer enthalten, dessen Aufgabe es ist, eine günstige Lösung für die vom Orakel erkannte Situation oder für das bestehende Problem zu gewährleisten.[89] Zuerst wußte ich allerdings noch nicht, wie ich mich zur Idee einer Opfergabe stellen sollte. Von einem afrikanischen Gott als meinem göttlichen Ahnen zu träumen war schon befremdlich genug, aber schließlich doch annehmbar. Zu wissen, daß ich einen persönlichen *orisha* als eine Art Schutzgeist hatte, war sehr aufregend. Für diesen aber tatsächlich etwas Konkretes zu tun? Das schien mir ein bißchen zu viel verlangt. Das würde ja heißen, mich mit dieser Religion verpflichtend einzulassen. Überrollt von einer Welle der Entmutigung zögerte ich einen Augenblick. Ich wußte, daß Mestre Didi, der mir ruhig gegenüberstand, keinerlei Hinweise geben und schon gar

---

[89] BASCOM: Ifa Divination, 60.

keine Instruktionen erteilen würde. «Dunkelheit bedeckte meine Augen», wie das rituelle Lied sagen würde. Doch dann folgte ich einem schwachen inneren Impuls – das muß Eshu gewesen sein! – und entschloß mich schließlich zur Opfergabe. Die fremden Namen von Früchten und andern Dingen, die ich sammeln mußte, zogen mich an, obwohl ich damals noch nicht wissen konnte, wie tief diese mit der Substanz meines eigenen *orisha* verbunden waren.

Der Entschluß zur Opfergabe brachte mir meine positiven Gefühle wieder zurück und löste eine neue Phase im Prozeß aus, mich mit der Nago-Religion bekannt zu machen. Tatsächlich ist es so, daß wir mit dem Problem des Opfers nun zum Kern der religiösen Bräuche der Yoruba vordringen. Für den Nago gehören Divination und Opfer wie Zwillinge zusammen, indem sie ihre Fäden untrennbar und sich ergänzend zu einem essentiellen Lebensmuster ineinanderweben. Sie sind wie zwei im Kontrapunkt stehende Melodien: die eine kann nicht ohne die andere sein. Weissagung verleiht Wissen, und das Opfer bringt das Wissen zur Wirkung, das heißt, es wird mit eigentlicher Wandlungsfähigkeit ausgestattet.[90] Wie JUANA E. DOS SANTOS sagt: «Ohne die Opfergabe bleibt das Orakel nichts als ein Wortspiel.»[91] Und wer steht hinter der Wirksamkeit der Dinge, wer verleiht unseren Handlungen die unschätzbare Macht zur Verwirklichung, wenn nicht Eshu selbst, der Trickster-Gott? Tatsächlich ist Eshu als Herr des Opfers der untrennbare Begleiter von Ifa, und viele Mythen der Yoruba gehen den verschiedenen Aspekten der Beziehung zwischen diesen beiden wichtigen Gottheiten nach. Sie nehmen je einen bestimmten Platz im Aufbau der Nago-Welt ein, indem sie beide Vermittler zwischen Mensch und Gott sowie auch zwischen den Göttern selbst sind.

Es ist leider sehr schwierig, an diesem Punkt der vorliegenden Studie das Problem des Opfers angemessen zu behandeln, weil ich bis jetzt bloß einen kurzen Abriß der Figur von Eshu gegeben habe, der aber so viele Gesichter hat, daß die Fon aus Dahomey von ihm sagen, daß «man nie damit fertig wird, die Macht von Legba zu erzählen».[92] (Legba ist in der Sprache der Fon Eshu-Elegba.) Das Problem wird noch dadurch erschwert, daß ich bis anhin die wesentliche Frage von

[90] PEMBERTON: Eshu-Elegba, 67.

[91] JUANA ELBEIN DOS SANTOS: Os Nàgó e a Morte, 166.

[92] MELVILLE HERSKOVITS: Dahomey. An Ancient West African Kingdom. Vol. 2, 238. Zitiert von ROBERT PELTON in: The Trickster in West Africa, 125.

ashe noch nicht berührt habe; *ashe* wird von Eshu überwacht und über die Pfade und Wege transportiert, die sämtliche Bereiche des Daseins durchqueren. *Ashe* ist ein ähnlicher Vorstellungsbegriff wie *mana*, und dahinter steht die ganze komplexe Welt der ‹Kräfte› in der Nago-Religion. Das Problem des Opfers kann man gar nicht untersuchen, ohne gleichzeitig den Begriff von *ashe* und den Gott Eshu miteinzubeziehen sowie auch deren Beziehung zur Divination im Religionssystem der Yoruba.

Ganz allgemein könnte man sagen, daß die Bedeutung des Opfers für einen Nago darin besteht, daß es, wie bereits MAUPOIL ausgeführt hat, die wirkliche Nahrung für den *orisha* darstellt. Es gibt den Göttern Kraft.[93] Im Weltbild des Yoruba ist es das Opfer, welches das Gleichgewicht zwischen der Welt der Götter und der Welt der Menschen wiederherstellt. Denn das Opfer befreit *ashe*, die Macht der in den Opfergaben enthaltenen Energie, die dann zu den Göttern getragen wird, welche ihrerseits, auf diese Weise angereichert, nun fähig sind, dieses *ashe* wieder an diese Welt und an alle ihre Bewohner auszuteilen. Durch diesen Vorgang wird die Beziehung zwischen den zwei Welten wieder hergestellt oder verbessert, und zwar zum Vorteil beider. Es ist Eshu, der – weil er keinen speziellen Bereich zur Überwachung auf der Welt erhalten hat – vom Höchsten Gott mit der Aufgabe betraut wurde, das *ashe* von einem Ort der Welt zum andern, von dieser Welt *(aiyè)* in die jenseitige Welt *(orun)* und vice versa zu transportieren, wobei er alles Existierende in eine lebendige Beziehung zueinander bringt und in Bewegung versetzt. Diese geheimnisvolle Verwandlung des durch das Opfer befreiten *ashe* in Wohltaten gehört zur großen Macht Eshus, zur Magie des Tricksters. Wenn das Opfer nicht dargebracht wird oder nicht in der richtigen Art und Weise, enthüllt Eshu seine destruktive Seite, worauf dann die ganze Welt in Teile auseinanderfällt, wie die zerbrochenen Stücke einer Kalebasse, die nicht mehr zusammengefügt werden können. Aus der Sicht eines Nago war deshalb mein Entschluß zur Opfergabe absolut richtig.

Nach dem gefaßten Entschluß kam der nächste Schritt: Ich mußte die Opfergaben zusammentragen. Man könnte vielleicht denken, daß dies einfach bedeute, einige Dinge in Läden oder auf dem Markt zu kaufen. In Wahrheit war dem gar nicht so, jedenfalls nicht in meiner eigenen Erfahrung. Bei meinen Gängen auf der Suche nach diesen

---

[93] MAUPOIL: La géomancie, 58.

Opfergaben sah ich bald einmal, daß der Erwerb jeder Gabe eine Geschichte für sich war, welche die verschiedensten Leute und Orte mit sich einschloß – sowie die entsprechenden Erfahrungen. *Wie* ich an das Objekt herankam, mit wem ich sprach, was mir auf dem Hin- und Rückweg der Transaktion begegnete, all dies wurde allmählich genauso wichtig wie der Gegenstand selbst. Diese Gaben für mein Opfer zu erlangen war nicht dasselbe, wie die Dinge für meinen eigenen täglichen Bedarf zu besorgen. Und doch, wenn es nicht für mich war, für wen war es dann? Konnte ich wirklich von mir behaupten, an diesen seltsamen Gott zu glauben, von dem ich bis dahin so wenig gehört hatte? Ich konnte nicht. Doch es brauchte nur ein wenig Introspektion, um mir zu zeigen, daß da eine außerordentlich positive Reaktion auf meine aktive Suche am Werk war, etwas, das aus den Tiefen meiner selbst kam. Es war, als ob man kühles Wasser auf ein heißes, ausgetrocknetes und versengtes Stück Land gießen würde. Mein Seelengrund schien wieder zu atmen! Alle möglichen kleinen Impulse und Gefühle wärmten mich von meinem Innern her, als ich ein Ding nach dem andern für meinen *orisha* sammelte. Für mich bedeutete die Vorstellung, eine Opfergabe nicht nur zu akzeptieren, sondern gar eine aktive Rolle in einem Gottesmysterium zu bekleiden, ipso facto eine totale Einstellungsänderung. Ich begann, die greifbare Welt mit ihren Dingen um mich herum mit ganz anderen Augen zu betrachten. Bis anhin waren die Dinge für die Menschen bloß nützlich, nun aber sollten sie eine Rolle in einem Mysterium übernehmen – sie waren mit einem Gott verbunden! Als diese Dinge wichtiger wurden, vergrößerte sich auch die Ausdruckskraft meiner inneren Reaktionen darauf, so daß ich diese sehr sorgfältig zu beachten begann und ihnen zu folgen versuchte. Dies heißt nichts anderes, als daß ich mich nach innen einem andern Teil von mir zuwandte, der – obwohl ich wußte, daß er immer da gewesen war – bis dahin nie einen ‹Ausfluß›, eine angemessene Ausdrucksmöglichkeit in meinem Leben gefunden hatte. Es war ein Teil von mir, der weniger rational ist, verspielter vielleicht, auf kindliche Art einfacher, und doch auch unendlich kompliziert, weil er eine Zusammensetzung kleinster, innerer Impulse und Reaktionen ist, ein Hin und Her von Vorlieben und Abneigungen, von intuitiven, zündenden Funken – kurz: ein Konglomerat von allem, das den komplexen Stoff der inneren Antwort auf die äußere Welt ausmacht. Folglich war es für mich jedesmal, wenn ich wegging, um eine Opfergabe zu besorgen, so, als müßte ich eine Schwelle überschreiten und als würde ich in einen völlig anderen Bereich eintreten, in einen Zustand, in dem die Dinge nicht mehr einfach gewöhnliche Dinge waren, sondern von einer sonderbaren Atmosphäre umgeben schienen, einer

Aura von kaum wahrnehmbaren Gefühlstönen oder ‹Bedeutungen›[94], die eine ganze Reihe von Beziehungen zwischen sich und mir wie auch untereinander schafften, was auch die Umstände, in denen sie gefunden wurden, miteinschloß sowie die Menschen, die zufällig dabei waren. Indem ich so langsam ein Objekt nach dem andern für meine Opfergaben zusammentrug, spürte ich, wie ich allmählich in das Leben dieser bezaubernden Stadt Salvador verwoben wurde, die eine Mischung von ‹old Brazil› mit einem starken Anstrich von Afrika ist, und als würde ich nicht nur Gegenstände, sondern auch Bekanntschaften sammeln, auch Geschichten, Erinnerungen, Geräusche, Gerüche – mit einem Wort: lebendigen Stoff innerer Erfahrung. Dies waren die ‹Dinge›, die ich darbrachte, die ich Eshu übergab, damit er sie in die unermeßliche Weite des *orun* überbringen konnte, in den Bereich von *orisha*.

Diese Erfahrung, zu sehen, wie einfache, konkrete Dinge allmählich an symbolischer Bedeutung gewannen, verhalf mir sehr zum Verständnis der innigen und eindringlichen Verbindung *(participation mystique)*, die zwischen dem, der das Opfer darbringt, und den Opfergegenständen besteht oder spontan entsteht. Mit andern Worten, was den Göttern gegeben wird, ist zuerst und vor allem psychische Substanz, die einen Teil meiner selbst darstellt. In den Erzählungen über das Divinationssystem der Nago wird auf dieses persönliche Engagement mit der Opfergabe manchmal ausdrücklich verwiesen, wenn sie zum Beispiel verlangen, daß der Ratsuchende Teile seiner Kleider opfert.[95] Dies scheint darauf hinzuweisen, daß ein beträchtliches Opfer oder eine Änderung der gegenwärtigen Einstellung (durch die Kleider symbolisch dargestellt) in bezug auf die Umwelt oder auf ihn selbst notwendig ist. In den Divinationserzählungen gibt es für gewöhnlich eine symbolische Verbindung zwischen dem noch unerkannten Problem des Ratsuchenden und dem Gegenstand, den er als Opfer darbringen muß. So ist es nicht ungewöhnlich, daß in einer Geschichte über ein Potenzproblem «ein Paar Hosen» als Opfergabe verlangt wird. Dieser Zusammenhang ist allerdings nicht immer ganz so offensichtlich, und es gibt Texte, in denen man vergeblich nach einer solchen Verbindung sucht. Auf der andern Seite enthüllt die

---

[94] Psychologisch könnte man vielleicht sagen, daß dies eine Aktivierung von Prozessen auf dem Hintergrund des Bewußtseins aufzeigt. JUNG spricht in seinem Aufsatz ‹Zugang zum Unbewußten› von psychischen Untertönen, die allen unseren bewußten Bedeutungen zugrundeliegen (in: Der Mensch und seine Symbole, 39ff.).

[95] Als Beispiel vgl. die Verse A-24 bei WILLIAM BASCOM: Sixteen Cowries, 118f.

Zusammenstellung der Opfergabe manchmal einen erstaunlichen Grad an psychologischer Einsicht in die vom Orakel festgestellte Problemsituation. In einer der von MAUPOIL[96] gesammelten Erzählungen heißt es zum Beispiel, daß ein Mann im Land von Ife geisteskrank wird. Dies beunruhigt den König sehr, worauf er das Orakel befragt. Die vom Orakel gegebene Lösung heißt nun, daß er als Opfergabe alle Arten von *zerbrochenen* Gegenständen, die er nur finden könne, darbringen solle. Hier ist der Zusammenhang zwischen dem auseinandergebrochenen Verstand des Geisteskranken (Schizophrenie = Bewußtseinsspaltung!) und den Bruchstücken von Gegenständen, die der König opfern muß, sehr eindeutig. Diese zerbrochenen Objekte stellen die psychische Dissoziation des armen Mannes dar sowie dessen zerstörische Wirkung, die diese auf das ganze Königreich ausübt.

Die genannten Beispiele zeigen, daß zwischen der Person, die ein Opfer darbringt, und der Opfergabe eine psychische Identität besteht oder sich spontan bildet. Die Opfergaben erscheinen dann mit einem symbolischen Sinn versehen und sagen etwas über den inneren Zustand oder über die mißliche Lage dieses Individuums aus. In diesem Prozeß fließt etwas von der Person der Opfergabe zu und lädt sie mit Bedeutung auf oder – wie man auch sagen könnte – mit psychischer Energie.

Bevor sich jedoch eine solche Beziehung zwischen der Person und der Opfergabe bildet, besteht bereits eine *a-priori*-Beziehung, die das Opfer mit dem ihm zugehörigen Gott verbindet. Denn die Gegenstände, die das Orakel als Bestandteile einer Opfergabe bestimmt, werden nicht blindlings ausgesucht, sondern sie stellen Teile der Welt dar, in denen die Lebenskraft des Gottes wohnt, analog dem oben angeführten System von Entsprechungen.[97] Wenn also jemand hingeht und Dinge für seinen *orisha* zusammenträgt, kommt er in Wirklichkeit nicht nur in Berührung mit den Wohnplätzen seiner Gottheit auf der Erde, sondern er sammelt auch Teile von dessen *ashe,* so, als trage er Fragmente seines Gottes zusammen, die über die ganze Welt verstreut sind, und zwar in Form eines lebendigen und belebenden Prinzips, das in allem, was dieser Gott zu erschaffen und zu entwickeln half,

---

[96] MAUPOIL: La géomancie, 614f.

[97] Dies ist, was JUANA ELBEIN DOS SANTOS «the equation offering: *irúnmalè*» (Gottheit) nennt, das heißt: die Beziehung der Entsprechung zwischen Gott und der Opfergabe. Nach ihr muß das Opfer, um wirksam zu sein, eine gewisse Anzahl von Elementen enthalten, welche den ‹Typ› von *ashe* festlegen, das dem Gott einverleibt werden muß, um seine Macht zu stärken. Vgl.: Os Nàgó e a Morte, 224ff.

gegenwärtig ist. In diesem Punkt sehe ich eine sinnvolle Verbindung zwischen der Handlung des Sammelns für das Opfer und dem Mythos von Ifa, der die zerschlagenen Teile von Orishanla sammelte, wie ich weiter oben (S. 113) in meinen Ausführungen über das System der Entsprechungen bei den Nago erwähnt habe. Denn es ist eben gerade Ifa, der mittels des Orakels die korrekte Zusammenstellung der Opfergaben bestimmt, das heißt: Es müssen die entsprechenden Weltbereiche, die vom lebendigen *ashe* des Gottes angereichert sind, gesammelt und ihm erneut dargeboten werden, damit seine Macht wieder hergestellt wird. Man könnte deshalb sagen, daß die zum Opferkult gehörenden symbolischen Handlungen einen Wandlungsprozeß des Gottes bilden, der zum Ziel hat, dessen ursprüngliche Ganzheit im Jenseits wiederherzustellen als eine Art von Wiederholung der Handlung von Ifa in mythischer Zeit, als er Orishanla zusammentrug und wieder zusammensetzte.

Als Träger des göttlichen *ashe* und gleichzeitig des vom Opfernden investierten lebendigen, psychischen Inhalts wird die Opfergabe zum Mittler, in welchem Mensch und Gott sich treffen. Als Beziehungsmedium zwischen beiden enthält es auch Elemente beider Naturen. Tatsächlich ist hier das gleiche gültig, was JUNG auch für das Opfer in der katholischen Messe festgestellt hat, daß nämlich «Natur, Mensch und Gott zusammengefaßt (sind) in der Einheit der symbolischen Gabe».[98] Wenn man zum Beispiel Palmöl nimmt, das für den Nago eine der wichtigsten Opfersubstanzen ist, sieht man, daß es dieselbe vierfache Sinnschichtung aufweist, auf die JUNG für Brot und Wein hingewiesen hat, denn es ist gleichzeitig

1. ein Ackerbauprodukt;
2. ein Produkt besonderer Zubereitung (Öl von der Palmnuß) und deshalb Ausdruck einer kulturellen Errungenschaft;
3. ein Ausdruck psychologischer Leistung (Mühe, Fleiß, Geduld, Hingabe usw.) und der menschlichen Lebenskraft (als einer ernährenden Substanz);
4. eine Erscheinung des Mana oder des Dämons der Vegetation (in unserem Fall: des *ashe* des Gottes).[99]

Diese vom Opfer getragene, vielfache Sinnschichtung zeigt uns, daß es sich um ein echtes Symbol handelt, denn nur ein Symbol kann

[98] JUNG: Das Wandlungssymbol in der Messe. GW 11, § 387.
[99] Ebenda, § 385.

einen solch «komplizierten physischen und psychischen Tatbestand» abdecken, der – wie JUNG sagt – «dermaßen jenseits der Sprachbegriffe steht, daß er eindeutig überhaupt nicht auszudrücken ist».[100] Und wirklich ist denn auch das Opfer selbst eine Sprache oder Botschaft mit symbolischem Charakter, die Mensch und Gott miteinander verbindet.

In den Vorstellungen der Nago befreit die Opferhandlung das im Opfer enthaltene *ashe,* das dann von Eshu in die andere Welt getragen wird. Dadurch wird der Geist *(ashe)* des Gottes aus seiner sichtbaren Erscheinungsform in dieser Welt *(aiyè)* extrahiert und ins Jenseits *(orun)* hinübergebracht, wo die unsichtbare geistige Form des *orisha* erhöht wird. Als Ergebnis davon wird die Beziehung zwischen den zwei Welten oder Daseinsformen neu geordnet, und das *ashe* des Gottes kann schließlich in Form einer heilenden, ganzmachenden Gabe zu den Menschen zurückfließen.[101] Es erstaunt deshalb nicht, daß die Schwarzen in Kuba, die auch von den Yoruba abstammen, den Begriff *ashe* ins Spanische mit dem Wort ‹gracia›, Gnade Gottes, übersetzen.[102] Diese Wiederherstellung des *ashe* im Jenseits ist auch der einzige Weg, um neue Wesen zu erzeugen, und endlich auch die einzige Möglichkeit des Fortbestehens des Lebens in dieser Welt.[103] Die Opferhandlung verleiht damit dem menschlichen Dasein eine kosmische Dimension, und der Mensch erscheint darin als Mitarbeiter Gottes im Schöpfungsakt.

Psychologisch gesehen entspricht die unsichtbare, geistige Form Gottes (*orisha* im *orun*), die durch die Opferhandlung erhöht wird, einem inneren Bild, das heißt einem psychischen Inhalt. Durch die Opferung der sichtbaren Erscheinungsformen des Gottes zugunsten einer unsichtbaren wird die *participation mystique* mit der äußeren Welt in einem gewissen Grad zugunsten der inneren Wirklichkeit entmachtet. Dies ist eine eigentliche Umkehr des psychischen Energie-

---

[100] Ebenda.

[101] Bei PARACELSUS entspricht dies den «helfenden und heilenden Kräften», die als Wirkung des alchemistischen *opus* vom *homo maximus* in die irdische Natur des sterblichen Menschen einfließen. Vgl. JUNG: Paracelsus als geistige Erscheinung. GW 13, § 203.

[102] LYDIA CABRERA: El monte, 16, 509. Aus diesem Grund kann ich IDOWU nicht zustimmen, wenn er sagt, daß die Yoruba-Religion keine Vorstellung der göttlichen Gnade habe (vgl. Olódùmarè, 167). Ich bin sicher, daß jeder Nago die feurigen Zungen des Heiligen Geistes an Pfingsten richtigerweise als ein Geschenk des *ashe* von Gott an die Apostel interpretieren würde. Denn genau das ist ja *ashe:* Gnade.

[103] JUANA ELBEIN DOS SANTOS: Os Nàgó e a Morte, 161.

flusses, der nun nicht mehr den äußeren Objekten zufließt, sondern sich nach innen dem psychischen Bild Gottes zuwendet und es dadurch aktiviert.[104] Wie JUNG zur Genüge gezeigt hat, beruht das psychische Gottesbild auf einer archetypischen Vorstellungsmöglichkeit.[105] Aus diesem Grund könnte man sagen, daß das Opferritual ein Bestreben ausdrückt mit dem Ziel, den Archetypus wiederherzustellen, das heißt die ursprünglichen, instinktiven Reaktionsweisen der Psyche. Mit anderen Worten, wenn jemand einem Gott ein Opfer darbringt, kehrt er in Wirklichkeit selbst zu seinem ursprünglichen, instinktiven menschlichen Verhalten zurück, und mit ihm auch seine ganze Situation. So wird schließlich ein Weg der Heilung gefunden, denn – wie wir ja wissen – beruhen die meisten unserer psychisch bedingten Krankheiten auf einer Abweichung von einem solchen Lebensmuster.[106] Im Prinzip ist dies nichts anderes, als was in JUNGS Psychotherapie geschieht, deren Ziel es ist, «das ‹original pattern›, das heißt die ursprünglichen Reaktionsweisen der Psyche», wiederherzustellen, was «durch die ‹anamnesis› des Archetypus» geschieht, wie er in einem seiner Briefe aussagt.[107] Vom Standpunkt der Jungschen Psychologie her betrachtet, beruht die religiöse Praxis der Nago deshalb auf einer soliden psychologischen Grundlage.

Als ich *orisha* im *orun* mit einem in der Psyche aktivierten (archetypischen) Gottesbild in Verbindung brachte, setzte ich die Adjektive ‹psychisch› und ‹innerlich› mehr oder weniger als gleichwertig voraus, und ich frage mich nun, ob dies den Tatsachen gerecht wird. Wenn ich mir nämlich nochmals in Erinnerung rufe und mir vorzustellen versuche, was während des religiösen Kultes bei den Nago

---

[104] In den religiösen Feiern der Nago bekunden die *orisha* das Annehmen der Opfergabe, indem sie sich in den Köpfen der sich in Trance befindenden Verehrer manifestieren. So wie ich es verstehe, ist es diese Ansammlung von Energie im psychischen Bild Gottes, die die Trance oder zum mindesten die Möglichkeit dazu schließlich bewirkt. Das Problem der Trance ist sehr komplex und kann nach meiner Ansicht nicht ohne den entsprechenden Kontext untersucht werden, das heißt nicht ohne die Verbindung zu den vorangehenden Opferritualen. Dies trifft insbesondere auf die Rituale für den Kopf zu, die *bori,* welche aus einer Reihe von speziellen Opfern bestehen, deren Absicht die Stärkung des ‹inneren Kopfes› ist, um ihn auf den Empfang des *orisha* vorzubereiten.

[105] Ein praktisches Beispiel dafür ist der obenerwähnte Traum, in welchem Ogun als ein Bild des Archetypus des Selbst, als das regulierende Zentrum der Psyche, erscheint.

[106] Vgl. JUNG: Dream Analysis, 129: «Wenn man in eine archetypische Situation zurückkehrt, dann ist man in der richtigen instinktiven Haltung, die man einnehmen muß, um auf dieser Erde zu leben ... Der Archetyp ist der instinktive, natürliche Mensch, so wie er immer gewesen ist.»

[107] CARL GUSTAV JUNG: Briefe I, 446 (Brief an Pfarrer Max Frischknecht, 7. April 1945).

geschieht, scheint mir, daß, wenn die Rituale tatsächlich ein Gottesbild aktivieren, das psychisch ist – denn die Psyche ist das einzige Medium für die Erkenntnis und Verwirklichung unserer Erlebnisse –,[108] dieses Bild sowohl einem inneren als auch einem *äußeren* Geschehen entspricht. Im Verlaufe des Rituals nimmt man den Gott als eine unsichtbare Anwesenheit wahr, die sich vom Innern her entfaltet und einen von außen umfängt, das heißt eine Rührung, die den Körper von innen erwärmt und dennoch auch außen zirkuliert und dabei die Körper aller Anwesenden belebt. (Wie PARACELSUS sagen würde: «Wenn ihr euch gleichzeitig mit allen anderen erkennt.»)[109] Wie ist das denn möglich, daß ein unverkennbar inneres Bild ebenso um einen herum gegenwärtig ist? Wo sollen wir uns ein solches psychisches Bild lokalisiert vorstellen? JUNG führt uns aus dieser Schwierigkeit heraus, indem er sagt: «Der psychoide Archetypus hat nämlich die Tendenz, sich so zu verhalten, wie wenn er nicht in einer Person lokalisiert, sondern auch in der näheren oder weiteren Umgebung wirksam wäre.»[110] Es ist deshalb etwas in der Natur des Archetypus, der dieses erstaunliche Gefühl von ‹Einssein› bewirkt, in die uns das Ritual alle einhüllt. JUNG erklärt in ‹Aion› über das Selbst, daß, «wie jeder Archetypus, auch das Selbst nicht im Raume eines Ichbewußtseins lokalisiert werden (kann), sondern (es) verhält sich wie eine den Menschen *umgebende Atmosphäre von einer räumlich sowohl wie zeitlich nur unsicher*

---

[108] Um es mit JUNGS Worten zu sagen, «(es) könnte nichts Seiendes erkannt werden, wenn es nicht eine erkennende Psyche gäbe» (Psychologie und Alchemie. GW 12, § 516).

[109] JUNG: Paracelsus als geistige Erscheinung. GW 13, § 226.

[110] CARL GUSTAV JUNG: Das Gewissen in psychologischer Sicht. GW 10, § 851. Zu JUNGS Auffassung der psychoiden (‹seelenähnlichen›) Eigenschaft des Archetypus verweise ich auf seine Arbeit: Theoretische Überlegungen zum Wesen des Psychischen. GW 8, § 368. Der Archetypus als solcher, als ein formaler, anordnender Faktor in der Psyche, muß vom archetypischen Bild oder der archetypischen Idee begrifflich unterschieden werden. Die letzteren sind kulturell bedingt, der Archetypus als solcher hingegen betrifft die Grundstruktur der Psyche, die allen Menschen eigen ist. In meinen Studien der afrikanischen Religion begegne ich manchmal Autoren, die JUNG nur erwähnen, um seine Ideen zu verwerfen, weil sie meinen, er ignoriere oder entwerte in seiner Hypothese des Archetypus kulturelle Unterschiede. Dies beruht jedoch auf einem Mißverständnis seiner Auffassung. Mit dem folgenden Zitat sollte dieses Problem etwas geklärt werden können. Über archetypische Vorstellungen sprechend, erklärt JUNG: «Das Unbewußte liefert sozusagen die archetypische Form, die an sich leer und daher unvorstellbar ist» (dies bezieht sich auf den Archetypus *per se).* Dann fügt er an: «Vom Bewußtsein her aber wird sie sofort durch verwandtes oder ähnliches Vorstellungsmaterial aufgefüllt und wahrnehmbar gemacht. Aus diesem Grunde sind *archetypische Vorstellungen immer örtlich, zeitlich und individuell bedingt*» (Der philosophische Baum. GW 13, § 476. Meine Hervorhebung).

abzugrenzenden Erstreckung. (Daher die mit den Archetypen öfters verbundenen sogenannten synchronistischen Phänomene!)»[111]

Die eben gemachten Ausführungen waren deshalb erforderlich, weil es mir wichtig schien zu zeigen, wie JUNGS Konzept, das aus genauer Beobachtung von Äußerungen der objektiven Psyche resultiert, uns dabei helfen kann, die komplexe Phänomenologie religiöser Erfahrung zu verstehen. Indem die Nago sich beständig mit den Mächten ihres *orisha* beschäftigen, befassen sie sich indirekt auch mit den Archetypen, und aus diesem Grund kann das Studium ihrer Religion Wesentliches zur Erhellung der mit dem kollektiven Unbewußten zusammenhängenden Phänomene beitragen. Dasselbe kann auch umgekehrt geschehen. So kann zum Beispiel JUNGS Hinweis auf die mit dem aktivierten Archetypus verbundenen synchronistischen Ereignisse erklären, weshalb Eshu in den Erzählungen von Ifa so oft mit solchen Phänomenen in Verbindung gebracht wird.[112] Mir scheint, daß – weil er derjenige Gott ist, der das im Opfer befreite *ashe* ins Jenseits trägt – er auch jener ist, der bestimmt, daß die Macht des *orisha* erhöht und aktiviert wird. Wie wir wissen, kann dies schließlich auch von synchronistischen Ereignissen begleitet sein. Deshalb ist eine der Gaben, die Eshu den Menschen verleiht, eine Art Lebenssituation, in der ‹Zufall› oder ‹Glück› hineinspielen, so daß jemand etwas Wichtiges für seine Weiterentwicklung vollbringen kann. In diesem Sinne erscheint Eshu den Nago als ein Anordner des Schicksals.

****

---

[111] JUNG: Aion. GW 9/II, § 257 (von mir hervorgehoben). Es ist zu beachten, daß JUNG von solchen Synchronizitäten sagt, daß sie mit aktivierten Archetypen *verbunden* und nicht von ihnen *verursacht* sind.

[112] Dieser Zusammenhang von Eshu mit Synchronizität ist bereits von ROBERT PELTON in seinem Buch ‹The Trickster in West Africa› betont worden. Leider mißversteht er aber JUNGS Auffassung des Archetypus, weil er die empirischen Tatsachen in JUNGS Werk übersieht und dessen Beobachtungen über die psychische Realität ignoriert. So sagt er zum Beispiel, daß JUNG einen Archetypus aus PAUL RADINS Bericht über den indianischen Trickster «erschaffen» könne (S. 16), was JUNG eben gerade *nicht* tut. JUNG kam nicht durch das Lesen von Büchern zu seiner Hypothese des Archetypus. Er stellte dessen Manifestationen in der Seele seiner Patienten empirisch fest. Das heißt, die Archetypen sind zuallererst *beobachtbare psychische Phänomene.* PELTON sagt ferner, daß sich «Jung nicht für die sozialen Merkmale seiner Archetypen zu interessieren scheint» (S. 233), was – wie ich oben in Anmerkung 110 gezeigt habe – überhaupt nicht der Wahrheit entspricht. Abgesehen von dieser etwas ungenügenden Vorstellung von JUNGS Gedanken ist PELTONS Buch ein gelehrtes Werk und für das Studium der westafrikanischen Religion sehr wertvoll.

Ich behandelte die Tätigkeit des Sammelns der Opfergaben und das Opfer an *orisha* als eine mehr oder weniger einheitliche Handlung, obwohl sie in Wirklichkeit durch eine Reihe von Riten, die dazwischen stattfinden, getrennt sind. Diese rituellen Handlungen zielen darauf hin, die *participation mystique* zwischen der das Opfer darbringenden Person, der Opfergabe und dem Gott, dem das Opfer dargebracht wird, zu intensivieren. Auch in meinem Fall war es so: Als ich endlich alles für das Opfer Benötigte zusammengetragen hatte, ging ich zurück zu Mestre Didi, wo dann eine kleine Zeremonie folgte. Es war ein sehr schlichtes Ritual und vielleicht gerade deshalb um so ergreifender. Manchmal mußte ich sogar lachen, denn wie alles, was vom afrikanischen Geist erfaßt ist, war die Situation von einem unnachahmlichen Sinn für Humor durchdrungen. Dennoch war sie aber von einer sehr subtilen Stimmung von Geheimnis erfüllt, was für mich ein Kennzeichen jeder lebendigen religiösen Erfahrung wie auch jedes authentischen psychischen Erlebnisses ist.

Mit diesem kurzen Hinweis auf das Gefühl des Geheimnisvollen komme ich zum Abschluß des Berichtes über meine erste Erfahrung mit der Nago-Religion. Für mich war es ein unvergeßliches Erlebnis, mit dem Resultat einer erstaunlichen Wandlung, obwohl es mir sehr schwer fällt, dies in Worte zu fassen. Das Erlebnis selbst war und bleibt ein Symbol, etwas Lebendiges, dessen Natur ich schon damals nicht ganz begreifen konnte und wie ich es eigentlich auch heute noch nicht zu begreifen vermag, sondern lediglich dessen Wirkung in mir in Form eines «hilfreichen und heilenden Stromes» verspüre.

****

Ein Erlebnis wie dieses reicht tief in die Seele hinab und fordert die ganze Persönlichkeit heraus. In Wirklichkeit war es für mich keine einfache Sache zu erkennen und zu akzeptieren, daß afrikanische Symbole in meiner Seele emotionale Tatsachen von großer Bedeutung ausdrücken, denn diese Erkenntnis machte mir gleichzeitig alle jene Gedanken und Gefühle bewußt, die keine Verankerung innerhalb der afrikanischen Mythen fanden. Anders gesagt, nachdem ich den heilenden Einfluß der afrikanischen Religion erfahren hatte, mußte ich fast im gleichen Atemzug auch die europäischen Wurzeln meiner Psychologie kennenlernen. Dies brachte natürlich eine beträchtliche innere Spannung mit sich, weil ich nun einsehen mußte, daß ich – psychologisch gesehen – eine seltsame Mischung von zwei entgegengesetzten

Weltanschauungen war und daß damit in meinem Leben alles mir grundsätzlich Wichtige gleichzeitig von zwei gänzlich verschiedenen Standpunkten aus beurteilt werden konnte. Ich war nicht fähig, diese zwei Möglichkeiten neben- und miteinander leben zu lassen, in einer Art von scheinbar entspannter, unreflektierter Partnerschaft, wie es sonst in Brasilien üblich ist. Ich brachte es auch nie fertig, sie sorgfältig in zwei – sozusagen – hermetisch voneinander abgeschlossene Schubladen getrennt zu halten, wie es andere Leute offenbar tun.[113] Für mich waren sie wie zwei aus entgegengesetzer Richtung kommende große Flüsse, die sich, rasch aufeinanderzufließend, in wirbelnder Turbulenz vereinigten. Was ich damals erlebte, war ein Konflikt, ein Zusammenprall von zwei Weltanschauungen, die irgendwie auch zwei opponierende Seiten oder Tendenzen meiner eigenen Persönlichkeit darstellten.

In den folgenden Jahren verließ mich dieses Gefühl der inneren Dissonanz, entstanden durch den Zusammenstoß dieser zwei Welten, nie so ganz. Dann endlich war ich willens, dieses Problem eingehender zu untersuchen und entschloß mich dazu, meine Erfahrung mit der Nago-Religion zum Gegenstand dieser Thesis zu machen. Zu meiner Überraschung reagierte das Unbewußte auf diesen Entschluß mit einem Traum, der auf die Möglichkeit einer Versöhnung und Synthese der zwei sich streitenden Tendenzen hinzuweisen schien. Dies ist der Traum:

> Irgendwo in Afrika treffe ich meine Schwester, ein unbekanntes, schwarzes Mädchen. Sie kommt auf mich zu und gibt mir ein Geschenk, das aus einer metallenen Kugel, aus Eisen verfertigt, mit einer daran befestigten eisernen Kette besteht.
>
> Dann geht sie dazu über, mir zu erklären, wie das Ding funktioniert. Um den Platz herum, auf dem wir stehen, hat es Löcher oder Schächte, die sehr tief in die Erde hineinführen. Es sind Goldmi-

---

[113] Dieses Phänomen wurde von ROGER BASTIDE beobachtet, der sagt, daß der in die afrikanische Religion eingeweihte Brasilianer – aufgrund eines ‹principe de coupure›, wie er es nennt – eine «fast unüberwindbare Barriere zwischen seinen zwei sich widersprechenden inneren Welten» aufbaue, die es ihm ermöglichen, «eine doppelte Loyalität gegenüber den sich oft widersprechenden Wertvorstellungen aufrechtzuerhalten». Vgl. dazu: The African Religions in Brazil, 168; und: O Candomblé da Bahia, 263. BASTIDE beschreibt hier einen besonderen Zustand, den JUNG ‹Kompartiments-Psychologie› nennt. Vgl. JUNG: Dream Analysis, 298ff. und 233ff.; ebenso MARIE-LOUISE VON FRANZ: Spiegelungen der Seele, 169.

nen. Sie sagt, man könne die Kugel in einen dieser Schächte hinablassen, bis sie einen Ort völliger Dunkelheit erreiche. An diesem Punkt werde sich die Kugel spontan in vier kleine Schalen ‹entfalten›, die halbkugelförmig seien, aber auch eine Art von ‹Schnabel› hätten. Weil sie genau wüßten, wo das Gold in der Dunkelheit zu finden ist, würden sie sich von selbst darauf zubewegen und es mit ihrem Schnabel von den Wänden des Schachtes kratzen und so das wertvolle Metall einfangen. Man müsse dann nur noch die Schalen an der Kette wieder heraufziehen.

Dann fügt sie mit einem gewissen Nachdruck noch an, daß diese Kugel ein Werkzeug von unschätzbarem Wert sei, das sowohl von den *Alchemisten* als auch von den *Babalawo* benutzt worden sei![114]

Dieser Traum machte mir einen tiefen Eindruck. Im Gegensatz zu meinen bewußten Gefühlen von innerem Zwiespalt, spricht das Unbewußte wiederum von Verwandtschaft oder sogar Identität der zwei Welten, die ich als so verschieden empfand. Diese nahe Beziehung wird zuerst einmal durch das Bruder-Schwester-Motiv betont, und dann werden die zwei sich streitenden Welten schließlich in einem zentralen Symbol von paradoxer Natur zusammengebracht, in einer Kugel, die sich spontan bewegen kann, einem Werkzeug, das in der Dunkelheit Gold ‹erkennt› und ‹sieht›.[115] Ein solch symbolisches Werkzeug vereinigt zwei bedeutende Gedankensysteme, zwei große Bereiche menschlicher Erfahrung: Einerseits die Alchemie, die einen großen Einfluß auf das westliche Denken ausübte, anderseits die Ifa-Divination, eine eigenständige Entwicklung des afrikanischen Geistes, im Traum durch den Nago-Orakelpriester dargestellt. Das Zusammenfließen von Alchemie und Ifa-Divination in einem Symbol läßt eine

[114] Babalawo ist der Nago-Weissager, der Priester von Orunmila oder Ifa, Gott der Divination und Weisheit (Ifa ist ebenso die Bezeichnung für das Yoruba-Divinationssystem). Das Wort Babalawo bedeutet ‹Vater *(baba)* des Geheimnisses *(awo)*›. Nach JUDITH GLEASON bedeutet *awo* ‹Geheimnis, Mysterium› sowie ‹Einsicht, Sichtbarkeit›. Zutreffend übersetzt sie dann das Wort Babalawo mit dem Ausdruck ‹ein Ältester, der Einsicht in verborgene Bedeutungen› von Dingen hat. Vgl. ihr Buch: A recitation of Ifa, the Oracle of the Yoruba, 1, 9.

[115] Entsprechend: «Inmitten des Chaos befindet sich eine kleine Kugel, glücklicherweise klar hervorgehoben, die den auffälligen Bezugspunkt für alles darstellt, was für diese Suche von Nutzen ist» (Recueil Stéganographique. Songe de Poliphile, 1600, II, f. Zitiert in JUNG: Mysterium Coniunctionis 2. GW 14/II, § 175, Anm. 402). JUNG kommentiert dazu: «So beschreibt BÉROALDE DE VERVILLE den Keim des Einen im Unbewußten.»

verborgene Wesensähnlichkeit zwischen ihnen vermuten, als wären sie zwei Bereiche, in denen sich der Europäer und der Afrikaner in mir treffen, miteinander verglichen und so integriert werden könnten. Sie waren sozusagen in der Tätigkeit der Kugel vereint, das heißt in der Förderung des Goldes aus den Tiefen der Erde. Diese Handlung läßt sich gut mit der alchemistischen *chrysopoeia,* dem Goldmachen, vergleichen, deren psychische Parallele, wie JUNG ausführt, der Individuationsprozeß ist.[116]

In meinen Augen enthält dieser Traum wie in einer Nußschale den ganzen Entwurf zu meiner Arbeit an dieser Thesis. Ich hatte diesen Traum, kurz bevor ich mit meinen Untersuchungen über die Yoruba-Religion begann, von der ich damals eigentlich noch sehr wenig wußte. In dieser Situation wurde mir das Symbol der Kugel, das den Babalawo und den Alchemisten vereinte, zu einem wegweisenden Bild, das mir – wie ein Kompaß – ein Gefühl der Orientierung gab, als ich nachher in das grenzenlose Meer der Nago-Mythen hineintauchte. Von der Warte dieses Traumes aus erschienen mir die Mythen und Riten der Nago nicht mehr so fremd und unzugänglich wie vorher, weil ein Symbol zwischen dieser afrikanischen Religion und der Alchemie eine Brücke geschlagen hatte. Da ich mit den alchemistischen Symbolen dank der grundlegenden Untersuchungen auf diesem Gebiet von JUNG und von MARIE-LOUISE VON FRANZ bereits vertraut war, vermochte mir nun das Symbol den Weg in den Prozeß der Assimilation und des Verstehens der afrikanischen Mythen zu öffnen, indem ich den unbekannten Gegenstand mit etwas bereits Bekanntem verknüpfen konnte. Wie die Alchemisten sagen würden: *Habentibus symbolum facilis est transitus.*[117]

Es scheint mir besonders wichtig, daß der Prozeß der Konfrontation und Integration von Elementen sowohl der europäischen als auch der afrikanischen Kultur vom Traum als eine Vereinigung gerade von Alchemie und Ifa-Divination dargestellt wird. Wie ich nämlich später herausfand, haben diese beiden Lehren viele wesentliche Eigenschaften gemeinsam. Tatsächlich findet man zwischen der alchemistischen Naturphilosophie und der Geisteswelt der Yoruba eine viel innigere

---

[116] JUNG: Psychologie und Alchemie. GW 12, § 40.

[117] «Jenen, die das Symbol haben, fällt der Übergang leicht.» Ein alchemistischer Leitspruch aus: MYLIUS, Philosophia reformata, zitiert bei JUNG als Motto zum dritten Teil seines Werkes: Psychologie und Alchemie. Die Erlösungsvorstellungen in der Alchemie. GW 12, 263.

Verwandtschaft als zwischen der Alchemie und den christlichen Vorstellungen. Diese Verwandtschaft ist zum einen darin begründet, daß es in der Geschichte des europäischen Geistes der Alchemie zufiel, die religiöse Einstellung der Antike lebendig zu erhalten, eine Einstellung, die das Göttliche im Mysterium der Natur erfuhr, als etwas, das unauflöslich mit der Erde verhaftet ist – in scharfem Gegensatz zur rein geistigen Tendenz der christlichen Auffassung.[118] In die Alchemie, wie JUNG in seinem Aufsatz ‹Der philosophische Baum› sagt, «mündeten, wie in ein Sammelbecken, die dauerhaftesten, respektive wichtigsten Mythologeme der antiken Vorzeit.»[119] Solche Mythologeme sind «Reste des antiken Geistes und des antiken Naturgefühls, die nicht auszurotten waren und schließlich in der mittelalterlichen Naturphilosophie ein Asyl fanden».[120] Zutiefst fasziniert von den Verwandlungsprozessen in der Natur[121] sah der Alchemist in ihnen das geheimnisvolle Wirken eines Erdgeistes, den er, wie das *lumen naturae,* als eine Quelle der Erleuchtung verehrte, ganz wie dies einer christlichen Offenbarung eigen ist. Zudem war sein ausdrucksvollstes Symbol des religiösen Geheimnisses der Stein, der *lapis,* der nach Jung «eine Seite des Selbst formuliert, welche abseits steht, naturgebunden und dem christlichen Geiste inadäquat ist».[122] «Er repräsentiert daher», fügt er bei, «einen Seelenteil, der auf alle Fälle nicht christlich geformt ist und sich daher durch das Symbol ‹Christus› auf keinerlei Weise ausdrücken läßt».[123]

Die Alchemie repräsentiert somit jenen Seelenteil des Europäers, der sich weder der exklusiven Autorität noch der hohen Spiritualität des christlichen Vorbildes unterordnen konnte. Weil sich dieser Teil der Psyche seine ursprüngliche, ‹heidnische› *participation mystique*

---

[118] In seinem Buch ‹Symbole der Wandlung› (GW 5, §§ 107–113) zeigt JUNG anhand von Zitaten von SENECA und LUCRETIUS einerseits und von AUGUSTINUS anderseits, wie sich die zugrundeliegende religiöse Erfahrung der Antike und des Christentums unterscheidet. Wie sehr die letztere nach einer Loslösung von der Natur strebt, wird aus der folgenden Klage des AUGUSTINUS in seinen Bekenntnissen, 10. Buch, Kp. 8, 239 deutlich: «Es ziehen die Menschen dahin, um zu bewundern die Höhen der Berge, und die gewaltigen Wogen des Meeres ... und verlassen sich selbst» (zit. bei JUNG, ebenda, § 107).

[119] GW 13, § 353.

[120] JUNG: Psychologie und Alchemie. GW 12, § 40.

[121] «... *et attraxit me natura et attractus sum*» (da hat mich die Natur angezogen und ich bin angezogen worden), sagt der Alchemist in seinem ‹Traktat der platonischen Tetralogien› (Liber Platonis Quartorum, in: Theatrum Chemicum, V; zitiert bei JUNG: Psychologie und Alchemie. GW 12, § 374).

[122] JUNG: Der Geist Mercurius. GW 13, § 289.

[123] Ebenda.

mit der Natur bewahrt hatte, kommt dieser unchristliche Seelenteil des Alchemisten dem religiösen Menschen in Afrika so nahe, der ebenso tief ergriffen ist von einem Gefühl der lebendigen Gegenwart Gottes in allen Dingen der Natur, einer geheimnisvollen, göttlichen Macht, die er *ashe* nennt.[124]

Es gibt noch einen andern historischen Grund für diese Verwandtschaft zwischen dem Alchemisten und dem Babalawo, nämlich die afrikanischen Wurzeln der Alchemie. Wie MARIE-LOUISE VON FRANZ ausführt, ist die Alchemie, welche ungefähr zur Zeit von Christi Geburt begann, Ergebnis des Zusammentreffens von Denkmodellen aus der griechischen (vorsokratischen) Naturphilosophie mit den experimentellen Praktiken der ägyptischen Geheim-Traditionen.[125] Die intuitive und spekulative Einstellung des griechischen Geistes ließ wichtige Begriffe entstehen, die in der modernen Wissenschaft heute noch im Gebrauch sind, wie Energie, Atom, Materie, Raum und Zeit.[126] Indes-

---

[124] Wie ich sagte, ist der Sinn der religiösen Bemühungen der Nago die Befreiung von *ashe* durch das Opfer, um dadurch den Gott im Jenseits zu beleben. Die Bewegung, das Wachsen und die Umwandlung von *ashe* wird von Eshu gesteuert, dem göttlichen Boten und Trickster. Symbolisiert wird er unter anderem durch das Schneckenhaus, *okoto* (JUANA ELBEIN DOS SANTOS: Os Nàgó e a Morte, 132). Wie ein Feuerball wirbelt er auf seinem Weg durch die Welt, versetzt dabei alles Existierende in Bewegung und verbindet es. Gleichbedeutend mit dieser Nago-Vorstellung von *ashe* ist in der Alchemie die Idee vom *ignis occultus,* die sich im listigen und sich immer wieder wandelnden Mercurius personifiziert. Als ein allen Dingen innewohnendes «verborgenes Feuer» muß er durch das *opus* befreit werden, und dann «beginnt er wirbelartig in sich selber zu rotieren» (VON FRANZ: Spiegelungen, 71), genau wie Eshu! Das religiöse *opus* der Nago ist, wie man sieht, eine afrikanische Parallele des alchemistischen *opus,* wie auch des gnostischen Mythus (z.B. bei ZOSIMOS) des Sammelns der in der Materie zerstreuten Lichtfunken oder Samen des Anthropos (Adam), um ihn so ins Paradies zurückzuführen. Sowohl in der Alchemie als auch in der Nago-Religion ist dieses innere Energiezentrum in allen Dingen durch eine göttliche Figur personifiziert (Mercurius resp. Eshu), die auch als der dem Menschen am nächsten stehende Gefährte angesehen wird (für eine eingehendere Erörterung der wichtigen religiösen Erfahrung des inneren Gefährten in Alchemie und Antike verweise ich auf VON FRANZ: Spiegelungen, Kap. 6 und 7). Und schließlich: Genau so, wie das alchemistische *opus* eine Wiederholung von Gottes kosmischer Schöpfungstat ist, versucht auch die Yoruba-Divination jenen Augenblick des Schöpfungsprozesses der Welt und aller Dinge wieder einzufangen, wie ich weiter oben aufzuzeigen versucht habe (S. 115), wo ich die Idee von *ipori* erklärte (die Parallele zwischen dem alchemistischen *opus* und Gottes Schöpfungsakt wird auch von MARIE-LOUISE VON FRANZ in ihrem Buch ‹Creation Myths›, Kap. 12, untersucht).

[125] MARIE-LOUISE VON FRANZ: Alchemy. An Introduction to the Symbolism and the Psychology, 80. Vgl. auch von derselben Autorin: Alchemical Active Imagination, worin sich das erste Kapitel mit der geschichtlichen Herkunft der Alchemie befaßt.

[126] VON FRANZ: Alchemy, 79.

sen hat das griechische Denken es nie unternommen, seine Hypothesen experimentell zu untersuchen. In der Geschichte der Alchemie kam der Impuls zum Experimentieren durch den Kontakt des griechischen Denkens mit den ägyptischen religiösen Praktiken: Diese Praktiken bestanden in einer aktiven Manipulation der göttlich erachteten Stoffe und Substanzen, wie das berühmte Natron *(ntr)* im Kult der Mumifizierung – eine Substanz, die gleichzeitig nichts weniger als Gott selbst bezeichnete! Diese religiösen Praktiken folgten einer alten Tradition von Rezepten, von denen man weiß, daß sie ihren Ursprung in den Praktiken der schwarzafrikanischen Medizinmänner haben.[127] In diesem Sinn ist die ägyptische Religion ihrem Wesen nach afrikanisch, und folglich ist auch die Alchemie in großem Ausmaß afrikanisch. Dies gilt vor allem für die experimentelle Geisteshaltung des Alchemisten. Dies zeigt sich deutlich, wenn man zum Beispiel alchemistische Rezepturen mit den Vorschriften für das Opfer, die die Ifa-Divinationstexte begleiten, vergleicht. Diese Rezepte und Vorschriften fügen eine ganze Reihe von anscheinend heterogenen, konkreten Stoffen zusammen, die auf eine ganz bestimmte Weise bearbeitet werden müssen (wie zum Beispiel in Stücke geschnitten, gemischt, verbrannt oder gekocht); und all diese vielfältigen Prozeduren bedeuten in Wirklichkeit nichts anderes als einen Gottesdienst, ein religiöses Mysterium der Umwandlung. Wegen dieser Ähnlichkeit der Prozeduren, die in einigen Fällen sehr auffallend ist, ist das Studium der Yoruba-Religion so wichtig für das Verständnis der afrikanischen Wurzeln der Alchemie.

Es scheint mir deshalb, daß die Wesensverwandtschaft des Alchemisten und des Babalawo nicht nur auf dem Umstand beruht, daß deren symbolische Aussagen ähnliche psychische Zustände ausdrücken, sondern auch darauf, daß mit größter Wahrscheinlichkeit ein gemeinsamer historischer Hintergrund besteht, der sie beide verbindet. Aus diesem Grund ist eine gewisse Kenntnis der hermetischen Philosophie und der Methoden und Verfahren der Alchemie für einen westlichen Menschen der beste Weg, um Zugang zur Bedeutung der religiösen Bräuche der Nago zu erlangen, dies insbesondere in bezug auf die

---

[127] Ebenda. Auch der Ägyptologe WALLIS BUDGE betont die afrikanische Grundlage der ägyptischen Religion in seinem Buch ‹Osiris and the Egyptian Resurrection›. Der Yoruba-Autor OLUMIDE LUCAS hingegen glaubt an das Gegenteil, daß nämlich die Yoruba-Religion ein Überbleibsel der prähistorischen ägyptischen Religion sei (The Religion of the Yoruba; zit. von LALÈYÊ: La conception de la personne, 117). BUDGE untersucht diese Möglichkeit auch, kommt aber zum Schluß, daß dies sehr unwahrscheinlich sei (vgl. sein Buch, XVII).

Prinzipien des Ifa-Divinationssystems. Wie ich bereits erwähnte, sind sowohl die Aussagen der Alchemisten wie die der Nago-Orakelpriester Ausdruck derselben religiösen Erfahrung, das heißt der Erfahrung des Gottesmysteriums in den Vorgängen der Natur oder in denen des Stoffes. Entsprechend folgen ihre Handlungen auch demselben Prinzip mystischer Entsprechung oder, mit andern Worten, der Vorstellung einer ‹göttlichen Ähnlichkeit› *(similitudo),* die – wie MARIE-LOUISE VON FRANZ sagt – «bis in die physikalische Struktur der Naturdinge» hinabreicht.[128]

In der Alchemie ist in dieses System der Entsprechungen auch der Mensch miteinbezogen, und zwar so, daß zwischen dem Alchemisten und seinem Werk eine Ähnlichkeit bestehen muß, da sonst seine Bemühungen nichts fruchten würden.[129] Daraus folgt, daß, wenn der Alchemist von der Umwandlung der Substanzen in der Retorte spricht, er gleichzeitig auf psychische Prozesse in seiner eigenen Seele hinweist. Daß er sich dieser Tatsache wenigstens teilweise bewußt war, kann am bereits erwähnten ‹Liber Platonis Quartorum› aufgezeigt werden, in dem wir, wie JUNG ausführt, «eine systematische Aufstellung der Beziehungen zwischen dem ‹opus alchemicum› und den philosophischen und psychologischen Parallelvorgängen» finden.[130] JUNG fährt fort: «Der Zusammenhang ging in der Tat so weit, daß jenes, welches aus dem Stoff ausgezogen werden sollte, als ‹cogitatio›, das Denken, bezeichnet wurde.»[131] Deshalb empfiehlt das Traktat als Wandlungsgefäß den hinteren Teil der menschlichen Schädelkapsel, *occiput,* weil das Gehirn die «Wohnung des ‹göttlichen Teils› (partis divinae)» ist.[132]

Bei keinem andern alchemistischen Autor kommt diese Übereinstimmung zwischen dem Innern des Menschen und dem stofflichen Umwandlungsprozeß so deutlich zum Ausdruck wie bei GERHARD DORN, der ausruft: «Verwandelt euch von toten Steinen zu lebendigen philosophischen Steinen!»[133] Aufgrund dieser Identität von Mensch

---

128 MARIE-LOUISE VON FRANZ: Aurora Consurgens. GW 14/III, § 102 (vgl. auch § 97).

129 Zum Beispiel sagt DORN folgendes: «Wenn nämlich der Forscher fern davon ist, die Ähnlichkeit (mit dem Werke) zu besitzen, so würde er jene Höhe, die ich gekennzeichnet habe, nicht ersteigen und wird (auch) nicht auf jenen Weg gelangen, der zum Ziele führt» (zit. bei JUNG: Psychologie und Alchemie. GW 12, § 375).

130 Ebenda.

131 Ebenda.

132 Ebenda, § 376.

133 Ebenda, § 378.

oder dessen Psyche und Arkansubstanz kann die letztere nirgendwo anders gesucht werden als in uns selbst. Dementsprechend sagt DORN: «Im menschlichen Körper ist eine gewisse metaphysische Substanz verborgen, den wenigsten bekannt, welche zuinnerst keines Medikamentes bedarf, sondern sie ist selber unverdorbenes Medikament.»[134]

In der Nago-Religion findet man ähnliche Vorstellungen, besonders wenn die Übereinstimmung zwischen der Gottheit und dem Persönlichkeitsanteil betont wird.[135] Wir haben bereits gesehen, daß Eshu, symbolisch durch den Laterit dargestellt, das Individuationsprinzip in jedem Wesen bedeutet. Ein Ifa-Gedicht, das vom nigerianischen Babalawo Ifatoogun rezitiert wird, sagt: «Olodumare (der Höchste Gott) schuf Eshu als eine Medizin von übernatürlicher Kraft, die jedem Menschen eigen ist. Das heißt, *daß jeder Mensch sein eigenes übernatürliches Heilmittel in seiner Hand hat,* das er für alles, was er sich wünscht, gebrauchen kann.»[136] In einer andern Arbeit zitieren JUANA und DEOSCOREDES DOS SANTOS die Worte des Babalawo nochmals, der erklärt, daß, wenn jemand Eshu nicht im Körper habe, er nicht existieren könne, *weil er nicht wisse, daß er am Leben sei;* «deshalb», sagt er, «muß jeder seinen persönlichen Eshu haben».[137] Hier wird Eshu eindeutig mit der inneren Bewußtheit des eigenen Lebensprozesses und des eigenen Identitätsgefühls als Individuum assoziiert. Wäre der ursprüngliche Text nicht ein Gedicht in der Sprache der Yoruba, erzählt von einem heutigen Babalawo nach einer alten mündlichen Tradition seines Volkes, das bis vor kurzem weder lesen noch schreiben konnte, könnte man fast vermuten, der Orakelpriester verweise hier auf den oben zitierten Text von DORN, den berühmten Schüler von PARACELSUS, der am Ende des 16. Jahrhunderts in Deutschland lebte und seine Traktate lateinisch schrieb.

So wie für den Alchemisten das Gehirn der Sitz des ‹göttlichen Teiles› ist, gilt dies auch für den ‹inneren Kopf› des Nago, weil er aus derselben göttlichen Substanz geschaffen ist wie sein persönlicher Gott. Es gibt tatsächlich Ifa-Texte, die so weit gehen, daß sie sagen: «Es ist eher *ori* (der innere Kopf), der verehrt werden muß, und *orisha* (der Gott) soll ausgelassen werden!»[138] Hier wird dem Kopf als Sitz des

[134] Ebenda, § 377.
[135] Vgl. JUANA und DEOSCOREDES DOS SANTOS: Èsù Bara, 46.
[136] JUANA ELBEIN DOS SANTOS: Os Nàgó e a Morte, 131 (Hervorhebung von mir).
[137] JUANA und DEOSCOREDES DOS SANTOS: Èsù Bara, 56.
[138] IDOWU: Olódùmarè, 172f.

individuellen Schicksals oder, wie IDOWU sagt, als «dem Wesen der Persönlichkeit»[139] der Vorrang über den Gott gegeben. Ein anderer Divinationstext, von WILLIAM BASCOM gesammelt, erzählt, daß *ori*, der innere Kopf, sogar noch wichtiger sei als der Gott Ifa. Der Text endet damit, daß diese sehr wichtige Gottheit verkündet, daß «es kein Land gibt, wo der ‹Kopf› nicht bekannt ist», und anfügt: «Der Kopf macht den Knaben zum Mann.»[140]

Der Yoruba-Gelehrte WÁNDÉ ABÍMBÓLÁ, der ein umfassendes Wissen der ganzen Sammlung der Ifa-Divination besitzt, betont ebenso, daß die Ifa-Divinations-Poesie den inneren Kopf viel höher wertet als andere den *orisha*. Als Beispiel bringt er folgendes Gedicht:

Ori (Kopf), ich begrüße dich.
Du, der du dich immer deines Volkes erinnerst.
Du, der den Mann noch vor jedem *orisha* segnet.
Kein *orisha* segnet einen Menschen
Ohne Zustimmung seines *ori*.
Ori, ich begrüße dich.
Du, der erlaubt, daß die Kinder lebend
Geboren werden.
Der, dessen Opfer von *ori* angenommen wird,
Soll sich von Herzen freuen.[141]

Diese stark hervorgehobene Bedeutung des inneren Kopfes und Eshus als einer übernatürlichen Medizin im Körper jedes Menschen macht deutlich, daß der in der Divinations-Poesie der Yoruba geschilderte religiöse Prozeß den Charakter einer individuellen, innern – oder psychischen – Erfahrung hat; selbst dann, wenn die Lösung der persönlichen Probleme in der Form einer rituellen Bearbeitung konkreter Stoffe beschrieben wird, wie zum Beispiel in den Vorschriften für das Opfer. Der konkrete Stoff meint immer eine Eigenschaft oder einen Prozeß, der einerseits mit einem bestimmten Gott verbunden ist und anderseits mit etwas in der psychophysischen Struktur des Menschen Befindlichem übereinstimmt. Mit andern Worten, der Nago begreift den Menschen wirklich als einen Mikrokosmos, auf dieselbe Weise, wie er auch vom Alchemisten aufgefaßt wird. Demnach gilt für

139 Ebenda, 60.
140 BASCOM: Sixteen Cowries, 129 (meine Hervorhebung).
141 WÁNDÉ ABÍMBÓLÁ: The Yoruba Concept of Human Personality. In: La notion de personne, 81.

den Nago-Orakelpriester dasselbe, was JUNG über den Alchemisten sagt, daß er nämlich mit Ideen arbeitet, mit psychischen Prozessen, auf die er aber mit dem Namen der entsprechenden Substanzen hinweist.[142]

Der gemeinsame Nenner oder das *tertium comparationis* zwischen der Nago-Religion und der Alchemie ist demnach der *psychische Vorgang,* dem beide in ihren Symbolen Ausdruck verleihen. Solche Symbole sind eine unverkennbare Analogie zu den spontan produzierten Bildern der objektiven Psyche im Laufe des Individuationsprozesses, wie JUNG bereits gezeigt hat.[143]

Bekanntlich benutzte Jung den Terminus der Individuation, um die «persönlichkeitsbildenden Zentrierungsvorgänge im Unbewußten» zu bezeichnen.[144] Eines der wichtigsten Symbole dieses zentrierenden Vorganges ist der Kreis oder die Kugel, die beide das Selbst als Mittelpunkt der Psyche darstellen. Im oben erwähnten Traum haben wir eine Repräsentation dieses Seelenzentrums in der Gestalt eines kugelförmigen Werkzeugs, das sowohl von den Alchemisten als auch von den Nago-Orakelpriestern gebraucht worden war. Die Tatsache, daß sie in diesem bestimmten Symbol übereinstimmen, scheint mir die Idee zu bestätigen, daß sie letztlich denselben psychologischen Tatbestand ausdrücken, nämlich den Individuationsprozeß.

Wenn man daher die Alchemie und die Nago-Religion vom psychologischen Standpunkt aus betrachtet, sind beide Systeme gleichbedeutend und können miteinander verglichen werden. Die psychologische Betrachtungsweise wirkt hier recht eigentlich als verbindendes Glied, indem sie beide Systeme zu einem sinnvollen Ganzen fügt. Da nun dies mit der Funktion der Kugel im Traum übereinstimmt, könnte man vielleicht sagen, daß dieses Werkzeug für eine gewisse vereinigende Einstellung oder Haltung steht und auf das Erkennen von seelischen

[142] JUNG: Mysterium Coniunctionis 2. GW 14/II, § 364.
[143] In seiner praktischen Arbeit als Psychiater beobachtete JUNG, daß das durch die Analyse des Unbewußten seiner Patienten ans Licht gebrachte symbolische Material eine so enge Beziehung zur alchemistischen Anschauungswelt hatte, daß man – wie er sagt – «wohl zur Annahme berechtigt ist, es handle sich beim alchemistischen Verfahren um gleiche oder zum mindesten sehr ähnliche Vorgänge, wie in denen der aktiven Imagination und der Träume, das heißt also in letzter Linie um den Individuationsprozeß» (Psychologie und Alchemie. GW 12, § 448. Vgl. ebenda die eingehende Darstellung dieses Aspektes der Alchemie: Teil III, Kp. 2: Die psychische Natur des Werkes).
[144] Ebenda, § 564.

Beziehungen zwischen den Dingen gerichtet ist; das heißt für einen Standpunkt, von dessen Warte aus man Verbindungen zwischen Dingen in den dahinterliegenden (zentralisierenden) Prozessen, die im Bereich der objektiven Psyche stattfinden, verstehen und formulieren kann. Die Kugel würde dann nicht nur den Individuationsprozeß und dessen Ziel, das Selbst, darstellen, sondern – als Werkzeug – auch den Standpunkt oder das Begriffssystem, die es einem ermöglichen, einen solchen Vorgang zu *begreifen* und ihn dadurch ins Bewußtsein zu heben.

Das Symbol der Kugel sagt nicht nur aus, daß die Nago-Religion und die Alchemie objektiv durch die Darstellung des Individuationsprozesses verbunden sind: Es deutet ebenso darauf hin, daß es der Individuationsprozeß *selbst* ist, der sie zusammenbringen kann. Subjektstufig, das heißt als Symbol innerer Faktoren in der Psyche des Träumers, stellen diese zwei Systeme ein Gegensatzpaar dar, das im Verlauf des eigenen Individuationsprozesses vereinigt werden muß.

Das Erlebnis dieses Gegensatzpaares stimmt mit der Situation überein, in der ich mich zur Zeit des Traumes befand. Ich fühlte mich damals wie zwischen zwei Weltanschauungen zerrissen. Zuerst erschienen sie mir wie zwei absolut unversöhnliche Wirklichkeiten. Erst nach und nach vermochte ich zu erkennen, daß sie sich auf zwei Gegensätze *in meiner eigenen Psyche* bezogen und daß die Seele die Vermittlerin zu deren Versöhnung war. In Wirklichkeit führte dies zur Schaffung eines dritten Standpunktes, zu einer psychologischen Anschauung. Auf diese Weise wurde das innere Erlebnis der Gegensätze und deren Vereinigung in der Psyche – im Individuationsprozeß – gleichbedeutend mit der Annahme eines psychologischen Standpunktes, der mir seinerseits dazu verhalf, die Erfahrung in Worte zu fassen und zu integrieren. Dies führte dann zu meinem Versuch einer psychologischen Erklärung der Symbole der Nago.

Über die Individuation sagt JUNG, daß es sich «um Gestaltungsvorgänge handelt, die nur im *Erleben* wirklich erfaßt, intellektuell aber nur bezeichnet werden können».[145] Sein Betonen des Erlebens ist äußerst wichtig, weil es mir den wesentlichen Aspekt seiner psychologischen Einstellung zu enthüllen scheint, die immer empirisch ist und deren Mittelpunkt die Wirklichkeit der inneren, psychischen Erfahrung ist. Bei JUNG geht die psychologische Interpretation immer vom

---

[145] Ebenda (meine Hervorhebung).

inneren Erlebnis aus, das letztlich unsere einzige Brücke zur Wirklichkeit der Welt darstellt. Da wir nun tatsächlich die Wirklichkeit nur in Bildern erleben können, die uns von der Psyche vermittelt werden, ist die einzige unmittelbare Erfahrung der Welt eine psychische.[146] Aus diesem Grund können wir sagen, daß, wenn wir von der Psyche sprechen, es dasselbe ist, wie wenn wir von der unmittelbaren Wirklichkeit sprechen oder von der Welt des Erlebens selbst. In seinem Aufsatz über PARACELSUS betont dies JUNG, indem er festhält, daß «seelische Dinge Erlebnisvorgänge, das heißt Wandlungen sind, welche niemals eindeutig bezeichnet werden dürfen, will man nicht das lebendig Bewegte in ein Statisches verwandeln».[147] Im Lichte dieser Tatsachen sind seine Anschauungen «nichts anderes ... als Namen für gewisse Erfahrungsgebiete», wie er selbst sagt.[148] Es sind keinesfalls Abstraktionen, sondern – um seine Worte betreffend der Archetypen zu wiederholen – sie verweisen auf «Bestandteile des Lebens selbst – Bilder, die mit dem lebendigen Menschen durch die Brücke der Emotion verbunden sind».[149]

Der psychologische Standpunkt stellt die Wirklichkeit der Seele ins Zentrum, als ein Organ, durch welches der Mensch die Welt und sich selbst erfahren und sich beider bewußt werden kann.[150] Religiöse Symbole aus der Sicht der Psychologie zu studieren, heißt deshalb, zu untersuchen, in welchem Ausmaß diese Symbole die Struktur der Psyche reflektieren oder mit psychischen Faktoren zusammenfallen und gerade aus diesem Grund zu einer innern Erfahrung werden können.

---

[146] In einem Brief an Heinrich Boltze (3. Februar 1951) sagt JUNG: «Seelische Erfahrung hat zwei Quellen, die Umwelt und das Unbewußte. *Alle unmittelbare Erfahrung ist seelisch*» (Briefe II, 208). Im gleichen Brief sagt er später, nachdem er darauf hingewiesen hat, daß Umwelt und Gott zwei primitive Erfahrungen sind, daß *die Seele beide spiegelt und der Punkt sei, in welchem das eine das andere berührt* (ebenda; meine Hervorhebung). In diesen Worten findet man ein Echo von CUSANUS, der folgendes sagt: «Der Mensch ist nämlich Gott, aber nicht absolut, da er ja Mensch ist. Er ist daher Gott in einer menschlichen Art. Der Mensch ist auch der Kosmos, aber nicht in jeder Beziehung, da er ja Mensch ist. Er ist daher ein Mikrokosmos» (De conjecturis, 122, II, 14. Zitiert in: Die Psychologie der Übertragung. GW 16, § 537, Anm. 31). Wir sehen hier die gleiche Vorstellung vom Menschen als zwischen zwei antithetischen Wirklichkeiten stehend, nämlich zwischen Gott und der Welt.

[147] JUNG: Paracelsus als geistige Erscheinung. GW 13, § 199. Hervorhebung von mir.

[148] Der philosophische Baum. GW 13, § 438.

[149] JUNG: Der Mensch und seine Symbole, 96.

[150] In seinem ‹Kommentar zu 'Das Geheimnis der Goldenen Blüte'› sagt JUNG, daß «alles, was uns bewußt wird, Bild ist, und *Bild ist Seele*» (GW 13, § 75). In einem Brief an Joseph Goldbrunner (14. Mai 1950) bringt er dies nochmals zum Ausdruck: «Der Mensch (ist)

Man reduziert das Symbol nicht auf etwas anderes, sondern man *verbindet* es mit der Wirklichkeit des innern Erlebnisses oder weist zumindest auf die Möglichkeit dieses letzteren hin. Man versucht mit anderen Worten, über das innere Erlebnis eine Verbindung zur Seele anzuknüpfen.[151] Deshalb spricht JUNG in seiner Einleitung zu ‹Psychologie und Alchemie› von der Notwendigkeit, die göttliche Gestalt als innerstes Eigentum unserer Seele zu erfahren[152], so daß der Zusammenhang zwischen den heiligen Figuren und der eigenen Seele gesehen werden kann.[153] Weil, wie er erklärt, man «nichts verstehen kann, was man nicht innerlich erfahren hat. In der inneren Erfahrung erst offenbart sich die Beziehung der Seele zu dem äußerlich Vorgezeigten und Gepredigten als eine Verwandtschaft oder Entsprechung wie die von ‹*sponsus*› und ‹*sponsa*›.»[154]

In der eben erwähnten Einleitung weist JUNG darauf hin, daß die Seele, in der Bedeutung von Psyche, eine Beziehungsmöglichkeit zum Wesen Gottes in sich haben müsse, das heißt eine *Entsprechung*, da sonst ein Zusammenhang nie zustande kommen könnte.[155] Er erklärt dann, daß diese Entsprechung, psychologisch formuliert, der Archetypus des Gottesbildes ist.[156]

Es ist erwähnenswert, daß JUNG immer wieder von der seelischen Beziehung als Wahrnehmungsvermögen einer inneren Erfahrung und vom Zusammenhang der Entsprechung zwischen dem äußeren Bild und der Seele gesprochen hat. Denn – so wie ich es verstehe – schafft der psychologische Standpunkt ein System der Entsprechungen zwi-

---

nach meiner Auffassung in *der* Psyche (nicht in *seiner* Psyche) eingeschlossen. Können Sie mir irgendeine Vorstellung nennen, die *nicht* psychisch wäre? Kann der Mensch irgendeinen Standpunkt außerhalb der Psyche beziehen? Er kann es zwar behaupten, aber die Behauptung schafft keinen Punkt außerhalb; und wäre der Mensch dort, so hätte er keine Psyche. Alles, das uns berührt, und das wir berühren, ist Abbild, also Psyche» (Briefe II, 188). Wenn JUNG «*die* Psyche» sagt, meint er damit natürlich die objektive Wirklichkeit der Psyche, die eine ihr eigene Struktur hat und allen Menschen gemeinsam ist; es handelt sich nicht um die subjektiven Inhalte des individuellen Bewußtseins.

151 Darauf weist JUNG in ‹Aion› hin, indem er sagt, daß – wenn etwas auf einen psychischen Tatbestand zurückgeführt wird – dies keineswegs auf ‹nichts› reduziert und damit vernichtigt, sondern auf eine *psychische Wirklichkeit* verschoben werde (GW 9/II, § 85).

152 JUNG: Psychologie und Alchemie. GW 12, § 12.

153 Ebenda, § 14.

154 Ebenda, § 15.

155 Ebenda, § 11 (meine Hervorhebung).

156 Ebenda.

schen der Welt und der Struktur der bewußt wahrnehmenden Psyche.[157] Dies hat eine gewisse Ähnlichkeit mit dem, was auch dem Alchemisten und dem Nago geschieht, allerdings mit dem Unterschied, daß die Basis der Entsprechung nicht eine mythische Schilderung, sondern eine wissenschaftliche Hypothese ist, nämlich die des kollektiven Unbewußten, das in seinen archetypischen Strukturen «eine seelische Spiegelung der ganzen Welt» darstellt, wie JUNG in einem seiner Briefe sagt.[158] Es ist nach ihm auch so, «daß unser Subjekt hineingestellt ist zwischen zwei gegensätzliche Weltgegebenheiten, zwischen die sog. äußere, den Sinnen erschlossene Welt und die unbewußte psychische Voraussetzung, welche Welterfassung überhaupt ermöglicht».[159] Er weist hier offensichtlich auf die Archetypen des kollektiven Unbewußten hin, die als Anordner unserer Ideen und der Wahrnehmung der Welt wirken, und an anderer Stelle als «typische Formen des Auffassens» definiert sind.[160]

In diesem Sinn ist der Mensch, indem er in sich selbst, in seiner seelischen Struktur, die Formen der Auffassung enthält und die allein seine Wahrnehmung und Erfahrung der Welt ermöglichen, vom psychologischen Standpunkt aus ein wirklicher Mikrokosmos. In seinem Buch ‹Die Psychologie der Übertragung› drückt JUNG diese Ansicht sehr deutlich aus: «Jene alte und längst obsolete Idee vom Menschen als Mikrokosmos bedeutet nämlich eine große psychologische Wahrheit, die noch zu entdecken ist. Früher war sie auf den Körper projiziert, wie die Alchemie die unbewußte Psyche in den chemischen Stoff projizierte. Ein anderes aber ist es, wenn der Mikrokosmos jene innere Welt und Natur meint, die sich uns im Unbewußten zögernd enthüllt.»[161] Der Mikrokosmos ist «jenes Etwas im Menschen, das so allgemein und so weit wie die Welt ist und sich natürlicher- und nicht erworbenerweise in ihm befindet. Psychologisch entspricht dies dem kollektiven Unbewußten.»[162] Nicht nur begrifflich, sondern auch von der Gefühlseinstellung her deutet die Vorstellung des Menschen als Mikrokosmos auf «die Einheit des psychischen Menschen mit dem Kosmos» hin.[163] Das Bewußtwerden dieser tiefen Beziehung der Psy-

---

[157] Wie zum Beispiel die Verwirklichung des Archetypus der Anima als eine Entsprechung in der männlichen Psyche zu einer Frau in der äußeren Wirklichkeit.
[158] JUNG: Briefe I, 186 (5. Februar 1934).
[159] Ebenda.
[160] JUNG: Instinkt und Unbewußtes. GW 8. § 280.
[161] GW 16, § 397.
[162] Ebenda, § 530.
[163] JUNG: Mysterium Coniunctionis 2. GW 14/II, § 416.

che des Menschen mit dem Kosmos ist ein Teil der im Individuationsprozeß gemachten Erfahrung. Dies erklärt, weshalb für JUNG Individuation keinesfalls eine Isolation des Menschen in einem Elfenbeinturm meint. Ganz im Gegenteil zieht die Individuation sozusagen die ganze Welt in die Psyche hinein, wo sie in einem symbolischen Zusammenhang der Übereinstimmung widerspiegelt wird.[164] Folglich vertieft der Individuationsprozeß die Beziehungen des Menschen zu seiner Umwelt und schließlich auch, durch Einsicht in das Synchronizitätsprinzip, zum Mysterium des ganzen Kosmos.

JUNGs Begriff des kollektiven Unbewußten (der objektiven Psyche) als seelische Widerspiegelung der Welt ist eine moderne, wissenschaftliche Formulierung der alchemistischen, intuitiven Vision des Menschen als Mikrokosmos. Die Sicht des Alchemisten stimmt, wie wir sahen, mit derjenigen der Nago über den Menschen überein, der, als ein Konvergenzpunkt von Kräften in einem komplexen Feld von mythischen Entsprechungen das ganze Universum umfassend, von ihnen ebenfalls als Mikrokosmos aufgefaßt wird.

Der Hauptgrund dieser Entsprechung von JUNGs Begriffen mit den Ansichten dieser zwei großen Gedankensysteme ist der, daß seine Hypothesen in der lebendigen Erfahrung des Unbewußten begründet sind, was auch auf die Alchemisten und die Nago-Religion zutrifft. Die Konfrontation mit dem Unbewußten beinhaltet, wie er ausführt, «ein Erlebnis besonderer Art, nämlich die Anerkennung eines fremden anderen in mir, nämlich eines objektiv vorhandenen Anderswollenden».[165] Auf diese Weise erlebt unser subjektives Ichbewußtsein den objektiven Charakter der unbewußten Psyche. Diesem ‹anderen in einem selbst› gaben die Alchemisten den Namen Mercurius, während er für den Nago entweder der persönliche *orisha* oder Eshu oder unsere ‹zweite Person im Himmel› *(enikeji re orun)* ist, das heißt unser Doppelgänger. Unabhängig von dessen Bezeichnung bleibt jedoch das Erlebnis selbst *identisch,* sowohl in der Alchemie wie auch in der Nago-Religion und in der Jungschen Psychologie. Für mich ist es dieses völlige Eingehen auf und die Unterordnung unter die Tatsache einer inneren Erfahrung des Unbewußten, welche die Jungsche

[164] So ist das Mandala als Symbol par excellence des Individuationsprozesses Ausdruck der «Einheit aller Archetypen *sowohl* wie der Vielfalt der Erscheinungswelt und bildet daher die empirische Entsprechung zum metaphysischen Begriff eines ‹*unus mundus*›. Die alchemistische Entsprechung ist der Lapis Philosophorum und seine Synonyme, insbesondere der *Mikrokosmos*» (JUNG: Mysterium Coniunctionis 2. GW 14/II, § 326).
[165] Der philosophische Baum. GW 13, § 481.

Psychologie zu einem adäquaten Mittel für das Verständnis meiner Erlebnisse mit der Yoruba-Religion machen. So kann auch dieses Erlebnis in ein von andern (westlichen) Mustern geprägtes Bewußtsein integriert werden, und zwar auf eine Weise, daß weder dem afrikanischen noch dem europäischen Seelenanteil Gewalt angetan wird.

Ich glaube, es ist nun deutlich geworden, was ich eingangs dieser Studie damit meinte, einige religiöse Ideen der Nago im Lichte der Jungschen Psychologie zu beleuchten: Es geht mir einfach darum, den Grad der Übereinstimmung solcher Ideen mit psychischen Prozessen zu untersuchen. Weil der seelische Prozeß aber eine Sache des Erlebens ist, kann «der eigentliche Gehalt» des Werkes, um es mit JUNG zu sagen, «welcher in der lebendigen und eindrücklichen Erfahrung des Prozesses an uns selber besteht», nur in dieser Erfahrung gewonnen werden.[166] Ich mußte deshalb über meine eigenen Erlebnisse sprechen und meine eigenen Träume beitragen, weil diese als objektive Äußerungen der Psyche die innere Antwort der Seele (die Entsprechung) auf die religiösen Symbole der Nago zeigen. Die innere Erfahrung ist sozusagen das vierte Element dieses Dialoges zwischen der Yoruba-Religion, den alchemistischen Symbolen und der Jungschen Psychologie, und sie illustriert, wie diese drei Vorstellungen des Phänomens ‹Mensch› mit der Wirklichkeit verwurzelt sind, das heißt, wie sie den natürlichen Wandlungsprozeß der Psyche widerspiegeln.

Wir wollen nun nochmals zum Traum vom schwarzen Mädchen und ihrem Geschenk, der Kugel, zurückkehren und uns fragen, welcher Art diese Wandlung ist, die sich in der Psyche abspielt und in den Bildern des Traums gespiegelt wird.

Zur Zeit des Traumes bestand meine bewußte Situation, wie ich bereits sagte, in einem Gefühl des innern Konfliktes, in einem akuten Bewußtwerden, daß mein ganzes Wesen von zwei gleichermaßen machtvollen, aber grundsätzlich opponierenden Impulsen ergriffen war: einerseits von einem starken Drang nach Erkenntnis, einem Bedürfnis nach Klarheit, ganz in Übereinstimmung mit der rationalen, abstrahierenden, ‹anti-gravitierenden› Tendenz des westlichen Geistes; anderseits von einem tiefen Verlangen nach dem ‹nach unten› ziehenden afrikanischen Geist, der – immer auf der Suche nach einer Verwirklichung in festen, berührbaren Formen – die Liebe zum Körper und zur Materie hervorruft, weil er immer ein treuer Gefährte der

[166] Ebenda, § 482.

Erde war, des *aiyè,* dieser Welt. Die Erfahrungen, die ich mit Hilfe von Mestre Didi gemacht hatte, hatten mich von einer Krankheit geheilt, von deren Existenz ich gar nichts wußte, bis ich davon geheilt war: Was ich damals erlebte, machte mir bewußt, daß ich bis dahin als Fremder im eigenen Land gelebt hatte – ein heimatloser Fremdling auf dieser Welt. Das dargebrachte Opfer hieß für mich, einen Tribut an diese Erde zahlen, eine symbolische Handlung, die mir endlich das Recht gab, auf ihrem rauhen Antlitz als ihr legitimer Sohn aufzutreten und nicht als jener unbehagliche Fremde, der ich ohne mein Wissen bis dahin gewesen war. Ein Teil meines Wesens empfand es dennoch als schwierig, die im Nagokult erschlossene Wirklichkeit gänzlich anzunehmen; ich erlebte sie als zu dunkel, als ein wenig allzu archaisch und hatte eher Angst davor, von ihr überwältigt zu werden. Was diese andere Seite meiner Persönlichkeit brauchte, war *Verstehen,* denn nur dieses würde es mir erlauben, die Erfahrung anzunehmen und ihr treu zu bleiben. Es war dieses Bedürfnis nach Verstehen, das mich dazu veranlaßte, mich der Nago-Religion erneut zuzuwenden: Nun aber, um sie eingehend zu studieren, um zu versuchen, wenigstens eine gewisse Vorstellung der Hintergründe der Riten zu gewinnen, denen ich mich zuvor ausgesetzt hatte. Ungefähr in diesem Kontext tauchte der Traum auf.

Die Handlung des Traumes ist nach Afrika verlegt. Dies hängt zweifellos mit der Tatsache zusammen, daß ich soeben in die Mythen und Erzählungen der Nago, einer afrikanischen Kultur, eingetaucht war. In seiner bildlichen Sprache sagt das Unbewußte lediglich, daß ich in Afrika bin. Doch: Ist dieses Afrika wirklich nur der Schwarze Kontinent dort draußen? Oder ist er nicht viel eher eine innere Wirklichkeit, ein unbekannter seelischer Bereich, der neue und kaum wahrnehmbare Lebensformen in sich birgt, die vom afrikanischen Mythos berührt und erweckt werden? Meine Hinwendung zur Welt des afrikanischen Mythos wird von innen her damit beantwortet, daß sich mir ein afrikanisches Mädchen zuwendet. Obwohl sie meine Schwester ist, ist sie auch eine mir ganz unbekannte Person und deshalb in erster Linie ein psychisches Wesen. Sie stellt eine besondere Instanz in der Seele eines jeden Mannes dar, eine Konstante der männlichen Psyche, welche JUNG Anima nannte – die weibliche Personifikation des Unbewußten. Meine afrikanischen Studien hatten mich demnach in ein inneres Afrika getragen, das heißt in einen Bereich, der in psychologischer Sprache dem Unbewußten entspricht. Aus diesem fremden Land, aus diesem unbekannten seelischen Hintergrund kommt eine dunkle, weibliche Gestalt hervor und auf mich zu. Sie trägt die paradoxen

Züge eines Wesens, das gleichzeitig sehr nahe und vertraut wie eine Schwester ist und dennoch gänzlich unbekannt. Solche Eigenschaften beschreiben besser als alle wissenschaftlichen Thesen die psychologische Wahrheit, daß das Unbewußte unsere vertrauteste Wirklichkeit und gleichzeitig auch das ganz andere in uns ist, das heißt das unbewußt Psychische par excellence. Mit dieser Realität bin ich am Anfang des Traumes konfrontiert.

Mein äußerer Kontakt mit dem Afrikaner wird dadurch eindeutig ein inneres Abenteuer, eine Auseinandersetzung mit meinem eigenen Unbewußten. Allein dieses konnte «einen Zugang zu den inneren Räumen» des afrikanischen Geistes öffnen, wie JUNG sicher sagen würde.[167] Damit wurde mir auch bewußt, wie recht JUNG hat, wenn er darauf hinweist, daß der Kontakt mit einer andern Art des Bewußtseins – wie des afrikanischen – nur «durch die Entwicklung jener Elemente unserer Psyche, die den Eigenschaften der fremden Psyche analog sind, zustande kommen» sollte.[168] Für mich konnte das nur heißen, daß ich, wenn ich die afrikanische Mentalität verstehen wollte, den Horizont meines eigenen innern Erlebens beträchtlich erweitern mußte, so daß ich jene Formen des «afrikanischen Lebens» integrieren konnte, die bislang in meiner Psyche unerweckt geruht hatten.

Diese notwendige Erweiterung der Persönlichkeit wird durch das Erscheinen eines weiblichen Wesens, der Anima, angekündigt. Sie kommt als Antwort vom Unbewußten auf die Tatsache, daß mein männlicher, bewußter Verstand in der Auseinandersetzung mit meinem Problem in eine Sackgasse geraten war. Die scharfe Wahrnehmung deutlicher und unversöhnlicher Unterschiede zwischen westlicher und afrikanischer Geisteswelt ist ein ganz typisches Ergebnis des männlichen Denkens. So nützlich dieses gedankliche Vorgehen auch sein mag, wenn es ausschließlich und immer angewendet wird, führt es schließlich zu einer psychischen Spaltung, die von ihm nicht selbst gemeistert werden kann. Um die Dinge wieder in einen sinnvollen Zusammenhang zu bringen, braucht es die verbindende Eigenschaft des weiblichen Geistes, der in einem Mann an der Natur seines Unbewußten teilhat und ein lunares, dunkleres Licht ist, im Gegensatz zur solaren Klarheit seiner bewußten Einstellung.[169]

---

[167] Vgl. seinen ‹Kommentar zu 'Das Geheimnis der Goldenen Blüte'›. GW 13, § 83.
[168] Ebenda, § 84.
[169] In diesem Zusammenhang verweise ich auf JUNGS Ausführungen betreffend Sol und Luna als die symbolischen Himmelskörper des männlichen respektive weiblichen Bewußtseins. In: Mysterium Coniunctionis 1. GW 14/I, §§ 215–227.

Nach JUNG stellt die Anima einen psychischen Faktor dar, der vom Eros – wie er ihn nennt – beherrscht wird, dem Prinzip der Liebe und der Beziehung. Ihr Geist verbindet die Dinge, wogegen der Logos des männlichen Bewußtseins zu trennen und zu teilen versucht und Unterscheidungen zwischen den Dingen schafft. Die verschiedenartige Funktion dieser zwei Prinzipien zeigt sich im Kontrast von Oguns Säbel oder Hirschfänger (dem Gott der Schmiede in meinem Traum) und dem Werkzeug des Mädchens, der Kugel. Der erste schneidet Dinge entzwei, die zweite sammelt und enthält in ihrem Innern Gold. Der erste öffnet für das Tagesbewußtsein einen Weg durch den Urwald, das heißt im Dickicht unserer unbewußten, vegetativen Reaktionen; die zweite entfaltet sich nur in der Dunkelheit, im verborgenen Bereich der Psyche, wo sie die Schätze des innern Lebens einfängt. Es ist überhaupt dieser weibliche Geist, der einen Mann empfinden läßt, daß er ein inneres Leben hat, innere Bereiche mit Sternen, Flüssen und Wäldern. Die Anima öffnet ihm den Zugang zu seinem innern Mikrokosmos oder, psychologisch gesprochen, sie verbindet den Mann mit seinem Unbewußten. Denn sie verleiht ihm die Möglichkeit, spontane Regungen psychischer Bilder in den dunkleren Bereichen seiner Seele wahrzunehmen; es ist, um es mit JUNG zu sagen, «ein Mit- oder Nacherleben des Vorganges, dessen Zwielicht nur durch ein inoffensives Mitfühlen und niemals durch den groben Zugriff der Deutlichkeit verstanden werden kann».[170] Mit ihrer Hilfe erfährt er dann, vielleicht in einer intuitiven Eingebung, die einheitliche Wirklichkeit, die hinter seinen höchst gegensätzlichen Impulsen steht. Denn so gegensätzlich sie sind, stammen sie dennoch aus *einer* Lebensquelle – der Psyche selbst, der Matrix aller menschlichen Lebensmöglichkeiten.

Diese Ausführungen zeigen, daß es gar nicht überraschend ist, daß die Anima mir in einem Zustand der Desorientierung erschien, als ich mich zwischen zwei Welten hin- und hergerissen fühlte, in einem Zustand also, in welchem die Anima zusammenführen wollte, was mein männlicher Geist zu weit auseinandergetrieben hatte. Nach diesem Traum wurde sie die geistige Führerin dieser Studie. Anstatt die Nago-Religion von einem abstrahierenden Standpunkt aus als Objekt einer intellektuellen Studie zu untersuchen, konnte ich mich diesem Thema nun aus der Sicht meiner eigenen Erlebnisse annähern, welche Beziehungen zu Menschen, Gefühle und Empfindungen und – in glücklichen Augenblicken – auch spontane Erleuchtungen mit sich

[170] JUNG: Paracelsus als geistige Erscheinung. GW 13, § 199.

brachten. Über diese Bereiche herrscht die Anima in der Psyche des Mannes.

Das schwarze Mädchen bringt ein Geschenk: die Kugel. Psychologisch gesehen, erscheint sie als Bringerin des Keimes der Ganzheit, der im Unbewußten enthalten ist. Dies stimmt ganz mit der Funktion der Anima überein, die – indem sie den Mann mit seinen innersten Impulsen und Reaktionen verbindet, das heißt mit der lebendigen Wirklichkeit seiner innersten Natur – eine wahre Wegbereiterin des Individuationsprozesses und eine Mediatrix zum Gottesbild im Unbewußten ist, das heißt zum Selbst. Entsprechend ihrer Natur ist auch ihr Geschenk geheimnisvoll und paradox. Es ist ein Werkzeug, von Menschenhand gemacht. Dennoch bewegt es sich spontan und entfaltet sich in der Dunkelheit in vier Teile, als habe es ein Eigenleben und einen bemerkenswerten Grad von Autonomie. Zudem benimmt es sich wie ein mit einer Art Bewußtheit ausgestattetes Objekt, denn es weiß und sieht offensichtlich, wo sich das Gold im dunklen Schoß der Erde befindet. Mit andern Worten, zwischen der Kugel und dem Gold, das diese sammelt, scheint eine Affinität oder eine Art magnetischer Anziehung zu bestehen, die sie zusammenbringt.

In der Alchemie ist das Gold selbst von sphärischer Natur. MICHAEL MAIER sagt in seinem Traktat ‹De circulo physico quadrato›, daß das Gold eine «forma circularis» hat und daß es von einer «simplicitas» ist, die sich der des Kreises, dem Symbol der Ewigkeit, und des unteilbaren Punktes nähert.[171] Zudem ist das Gold für ihn ein «circulus bis sectus» (in vier rechte Winkel geteilt), also eine Quaternität[172], ähnlich der Kugel, die sich im oben erwähnten Traum in vier Schalen teilt.

In ‹Psychologie und Alchemie› erklärt JUNG MICHAEL MAIERS Idee: «Durch millionenfache Rotation um die Erde hat die Sonne in der Erde das Gold gesponnen. Die Sonne hat allmählich ihr Bild der Erde eingedrückt. Das ist das Gold. Die Sonne ist das Bild Gottes, das Herz ist das Abbild der Sonne im Menschen, wie das Gold in der Erde, auch als *Deus terrenus* bezeichnet, und *Gott wird im Golde erkannt.*» JUNG erklärt: «Dieses im Gold erscheinende Gottesbild ist wohl die ‹*anima aurea*›, welche, dem gewöhnlichen Quecksilber eingehaucht, dieses in Gold verwandelt.»[173] Demnach gehören in der alchemistischen

[171] Zit. bei JUNG in: Mysterium Coniunctionis 1. GW 14/I, § 40.
[172] Ebenda.
[173] JUNG: Psychologie und Alchemie. GW 12, § 445 (meine Hervorhebung).

Lehre der Entsprechung (correspondentia) Sonne, Gold und Herz zusammen, ein jedes als Gottesbild – im Himmel, in der Erde und im Menschen.

Auf ähnliche Art ist Gold für GERHARD DORN der schöpferische Samen in allem, was auf Erden existiert. Dieser schöpferische Samen in allen Dingen heißt auch ‹forma›, mit welcher er nicht die äußere Gestalt, sondern die wahre verborgene Substanz meint.[174] Für ihn ist Gold oder ‹forma› das Ergebnis einer «Handlung des ätherischen Bereiches im elementaren Bereich» oder, wie er sagt, «der Samen von Gottes Schöpferkraft in der anfänglich toten Materie, die Matrix und Form, aus der alle Dinge entstehen».[175] Nach DORN hat demnach der Mensch auch in sich selbst eine göttliche Substanz, die er Gold nennt. Die Vorstellung, daß aus der Vereinigung von Gottes Samen mit der Materie alle Dinge erschaffen werden, steht in Wirklichkeit im Zusammenhang mit den Schöpfungsmythen. Das alchemistische *opus* hat zum Ziel, diesen göttlichen Samen aus allen Dingen durch Kochen zu extrahieren – «wie damals, als Gott die Welt erschuf und eine schöpferische Wirkung auf den Stoff hatte. Wenn man Gold auf diese Art extrahiert, dann hat man dieses Ding, das Gottes Schöpfungsakt wiederholt, dann hält man dieses Stück in der Hand. Mit der von Gott gestohlenen Schöpfungskraft kann man dann Dinge erschaffen und umwandeln. Gold besitzt dieses Vermögen dank seiner Eigenschaft als Ganzheit.»[176]

DORNs Ideen stimmen völlig mit dem religiösen *opus* der Nago überein, in welchem die äußere Form der Opfergabe zerstört, das darin verborgene *ashe* befreit und ins *orun*, ins Jenseits, getragen wird. Von dort fließt es dank dem geheimnisvollen Eingreifen des Trickster-Gottes Eshu-Elegba zurück ins *aiyè*, in diese Welt, in Form von Wohltaten.

Die Mythen und Erzählungen der Yoruba sagen nichts von Gold, weil die Yoruba-Erde in Afrika wenig Gold enthält.[177] Trotzdem entspricht DORNs Vorstellung der ‹forma› als Einfluß Gottes in die irdi-

[174] VON FRANZ erörtert diese Vorstellungen in ihrem Buch ‹Alchemical Active Imagination›, 31–35.
[175] Ebenda.
[176] Ebenda, 34.
[177] Für den Nago ist *Messing* das Metall, das «nicht stirbt» und das zum Kult der Alten Mütter gehört, besonders zu *Onile*, der Erdmutter, die vom Ogboni-Geheimbund verehrt wird. Das Emblem der Ogboni besteht aus einer männlichen und einer weiblichen

sche Region der Nago-Idee von *odu* als dem göttlichen Zeichen, das in unsere Ahnensubstanz eingeprägt ist, dem *ipori*. Dieses Zeichen ist ebenso ein Teil Gottes in allen Wesen oder, wie MAUPOIL sagt, es ist «die Befruchtung des Menschen mit einem Stück göttlicher Erkenntnis».[178]

Odu hat ebenfalls eine quaternäre Struktur wie das Gold für MICHAEL MAIER. Dies wird auch im Orakelsystem von Ifa bestätigt: Während im chinesischen *I Ging* jedes Zeichen ein Hexagramm aus zwei Trigrammen ist, besteht das *odu* der Nago aus zwei Figuren von je vier Linien. Die Linien sind vertikal und können einzeln oder doppelt sein. Es gibt sechzehn mögliche Kombinationen von Einzel- oder Doppellinien in einer Folge von vier Positionen. Diese stellen die sechzehn Grundfiguren dar, entsprechend den acht Grundfiguren aus Trigrammen im *I Ging*. Wie beim *I Ging* ist jede Figur mit einer andern gepaart, um so ein Orakelzeichen zu bilden, das *odu*. Demnach ergeben sich zweihundertundsechsundfünfzig Variationen der ursprünglichen sechzehn Zeichen.[179] Zudem kommt das Zeichen durch Werfen von sechzehn Palmnüssen zustande. Das Hauptsymbol für Ifa, den Divinationsgott, ist der Palmbaum mit sechzehn Ästen, der auch das erste erschaffene Lebewesen am Anfang aller Zeiten war. Es ist beachtenswert, daß diese Organisation des Kosmos in sechzehn Teile eine Konstante ist, die in sämtlichen Bereichen der Yoruba-Kultur zu finden ist.

Die Kenntnis seines *odu* bedeutet für den Yoruba tiefe Einsicht in das Wesen seiner Persönlichkeit. So sagt denn auch MAUPOIL: «Das *kpoli (ipori)* ist die äußerste Kenntnis, die ein Mensch über sich selbst und sein Schicksal haben darf.»[180] Daraus läßt sich schließen, daß der höchste Wert mit der Vorstellung eines Teiles der göttlichen Erkenntnis, von Gott im ‹inneren Kopf› des Menschen eingeprägt, zusammenhängt. Dies wird mittels eines *odu* symbolisiert, eines Ifa-Divinationszeichens, das eine quaternäre Struktur aufweist. Auch diese Motive sind mit dem Gold in der Alchemie verbunden.

Figur, die durch eine Messingkette miteinander verbunden sind. Dies ist ein Symbol der *coniunctio*, und die Figur wird an jenen Orten aufgestellt, wo die Beziehungen der Menschen untereinander abgebrochen sind und Blut die Erde benetzt hat – das allergrößte Vergehen gegen unsere Mutter Erde (vgl. DENIS WILLIAMS: Art in Metal. In: Sources of Yoruba History, 135–155. Sowie auch PEMBERTON: Eshu-Elegba, 70).

178 MAUPOIL: La géomancie, 404.

179 GLEASON: A Recitation of Ifa, 11.

180 MAUPOIL: La géomancie, 386.

Psychologisch gesehen, weisen alle diese Vorstellungen um das Symbol des Goldes in der Alchemie und in den entsprechenden Vorstellungen in der Nago-Religion auf die Phänomenologie des Selbst hin, als Ausdruck der Ganzheit und des Zentrums der Psyche. Demnach würde das Motiv der Extraktion des Goldes einen Prozeß der bewußten Wahrnehmung dieser inneren Wirklichkeit bedeuten. JUNG nannte diesen Prozeß Individuation. Darauf weisen auch die Bilder des oben angeführten Traumes, indem sie schildern, daß das Gold von den Wänden des Schachtes in der Tiefe der Erde gekratzt wird. Wie JUNG in seinem Aufsatz ‹Der philosophische Baum› sagt: «Was im ‹physischen› Sinne die alchemische Transmutation zum Golde ist, das bewirkt im moralischen Sinne die Selbsterkenntnis, welche eine Wiedererinnerung des *ganzheitlichen Menschen* bedeutet.»[181] Die Entsprechung in der Nago-Religion ist die Erkenntnis des eigenen *odu*. Dieser Teil der göttlichen Erkenntnis im Innern unseres Kopfes wird durch unseren persönlichen *orisha* personifiziert, den ‹Herrn des Kopfes›, wie er in Brasilien genannt wird, der ein Bild des Anthropos ist – wie wir es beim Gott Ogun gesehen haben.

Eine letzte wichtige Frage bleibt noch zu beantworten: Wie extrahiert man diesen Samen göttlicher Erkenntnis in unserem Innern, diese in unserem Unbewußten verborgene, Wunder wirkende ‹Wahrheit› (DORN)? Der Traum sagt, man könne ein kugelförmiges Werkzeug benutzen, das sich in der Dunkelheit in vier Teile entfaltet und so die wertvolle psychische Substanz einfängt. Das schwarze Mädchen gibt uns einen weiteren Hinweis, indem es sagt, daß dieses Werkzeug sowohl vom Alchemisten als auch vom Nago-Orakelpriester benutzt worden ist. Was stellt nun also diese Kugel dar?

Die Kugel ist ein Symbol des Selbst. Zwischen der Kugel und dem Gold, das sie sammelt, scheint eine geheime Verwandtschaft zu bestehen. Ich habe versucht zu zeigen, wie diese verborgene Affinität in der sphärischen und quaternären Natur des Goldes in der Alchemie ersichtlich wird. Mit andern Worten, beide Symbole verweisen offenbar auf denselben psychologischen Faktor, das Selbst. Dennoch ist in ihnen ein wichtiger Unterschied. Das eine ist ein Werkzeug, wahrscheinlich von Menschenhand gefertigt, und soll als Instrument gebraucht werden. Das andere ist ein natürlicher Stoff in der Erde Afrikas: diese schwarze «äthiopische Erde» der Alchemisten, deren Gold «aus Tropfen» den Ursprünglichen Menschen gebiert.[182]

---

[181] GW 13, § 372.
[182] VON FRANZ: Alchemy, 88.

Diese Interaktion zweier Symbole, die ein und dieselbe psychologische Tatsache darstellen, entspricht der Situation, wie man sie in der Alchemie findet. Nach JUNG wird die Arkansubstanz von zwei Kategorien von Symbolen dargestellt: Erstens von solchen, welche die außerpsychische, chemische Substanz oder deren metaphysisches Äquivalent bezeichnen (wie zum Beipiel *serpens mercurialis, spiritus, veritas*), und zweitens von solchen, welche die vom Adepten selbst hergestellten Mittel bezeichnen, wie ‹solventia› (seine ‹Lösungen›) oder deren ‹philosophisches› Äquivalent, die *theoria* oder *scientia*. Mit Hilfe der richtigen Theorie oder Lehre glaubten die Alchemisten, die verborgene ‹Wahrheit› in allen Dingen extrahieren zu können.[183] Diese Theorie hatte demnach die Wirkung einer Art von Magnet, indem sie die verborgenen Schätze entweder aus der Tiefe des Meeres oder aus dem Innern des Stoffes auszog.[184] Deshalb sind in der Alchemie «der Schatz der Lehre und das kostbare arcanum, das im dunklen Stoff vermutet wird, eines und dasselbe».[185]

Im erwähnten Traum entspricht die Kugel der alchemistischen ‹theoria› und das Gold der im Stoff oder im Körper verborgenen ‹Wahrheit›. Beide weisen auf das Selbst, aber die Kugel wäre das ‹richtige› Symbol des *bewußt gewordenen* Selbst, mit dessen Hilfe das Gold extrahiert werden kann. Das heißt, man kann das Wirken des Selbst im «großen Plan, nach dem das unbewußte Leben der Seele konstruiert» ist, verstehen.[186] Denn das Selbst läßt sich tatsächlich nicht so leicht einfangen, wenn man nicht die richtige Auffassung dafür hat. So sagt denn auch JUNG über das Selbst: «Es ist das Allerkleinste, das leicht übergangen und zur Seite geschoben werden kann. Ja, es ist hilfebedürftig und muß *vom Bewußtsein* wahrgenommen, geschützt und quasi aufgebaut werden, und zwar dermaßen, als ob es zuvor gar nicht gewesen und erst durch die Sorge und Hingabe des Menschen ins Dasein gerufen worden wäre. Im Gegensatz dazu ist durch die Erfahrung erwiesen, daß es schon längstens vorhanden und älter als das Ich ist, und daß es nichts weniger als den geheimen *spiritus rector* unseres Schicksals darstellt.»[187] Dieser geheime Geist würde dem in der Dunkelheit der Erde verborgenen Gold entsprechen. JUNG führt dann weiter aus, daß «das Selbst ... nicht eo ipso bewußt (wird),

---

[183] JUNG: Aion. GW 9/II, § 246.
[184] Für eine eingehende Beschreibung der alchemistischen Ideen des ‹Magneten der Weisen› als *theoria* siehe auch JUNG: Aion. GW 9/II, §§ 239–266.
[185] Ebenda, § 249.
[186] JUNG: Zur Phänomenologie des Geistes im Märchen. GW 9/I, § 397.
[187] JUNG: Aion. GW 9/II, § 257 (meine Hervorhebung).

sondern ... von jeher durch eine Wissenstradition ... gelehrt worden (ist).»[188] Dies würde der Kugel als Werkzeug entsprechen, das dazu gefertigt ist, das Gold zu sammeln und zu fassen und es so an die Oberfläche zu heben, das heißt ins Bewußtsein.

So wie der Alchemist seine Lehre hat, hat auch der Babalawo seine Wissenstradition, die es dem Menschen ermöglicht, das Selbst bewußt zu machen: die Sammlung des Ifa-Orakels. Mit seinen zweihundertsechsundfünfzig *odu* basiert das System des Ifa-Orakels, wie oben erwähnt, auf einer Quaternität. Um diese quaternäre Struktur herum haben sich eine immense Anzahl von Mythen und Erzählungen angesammelt, die die eigentliche Schatztruhe der Yoruba-Weisheit ausmachen. Diese Geschichten und Mythen sind das Mittel, das es dem Menschen ermöglicht, seinen tiefsten Emotionen Ausdruck zu verleihen und ihrer so bewußt zu werden. Für den Nago ist Ifa das Instrument, um das tiefste Geheimnis im Augenblick kurz vor seiner Geburt einzufangen: Die Handlung Gottes, in der er in einer Art von *creatio continua*[189] im Menschen und in allen Dingen die Samen göttlicher Erkenntnis einpflanzt, aus denen sich dann ihr Schicksal wie das Wachsen eines Baumes langsam entfaltet. Das Ifa-Orakel läßt uns einen kurzen Blick in das Wesen des «unsterblichen Seelenfreundes» werfen, wie es JUNG in seinem Aufsatz ‹Psychologie der Wiedergeburt› ausdrückt.[190]

In moderne Sprache übertragen, ist auch die Jungsche Psychologie auf ganz ähnliche Weise eine *theoria,* deren Ziel es ist, die objektive Psyche ins Bewußtsein zu integrieren und das Selbst bewußt zu verwirklichen. JUNGS Erkenntnisse wurden – wie Oguns Werkzeuge – in der Glut der Auseinandersetzung mit dem Unbewußten geschmiedet und beschreiben vorab Bereiche psychischer Erlebnisse. Sie stellen die Werkzeuge und Gefäße dar, mittels deren das Unbewußte erfaßt und bewußt gemacht werden kann. Vielleicht ist das wichtigste dieser Werkzeuge der Begriff der Ganzheit des Menschen, die, wie JUNG sagt, «eine weitere Verwirklichung des Gottessohnes» (des Anthropos) ist, «in begrifflicher (‹philosophischer›) Symbolik» ausgedrückt.[191] Damit würde die «zweimal halbierte» Kugel im Bereich der seelischen Erfah-

---

188 Ebenda.

189 ULLI BEIER betont, daß für den Yoruba Gottes Schöpfungsakt immer noch andauert, ungleich der biblischen Schöpfung, die in sieben Tagen vollbracht war. Vgl. sein Buch: Yoruba Myths, 67.

190 GW 9/I, § 235.

191 JUNG: Aion. GW 9/II, § 286.

rung JUNGs psychologischem Konzept der Ganzheit des Menschen entsprechen.

Indem der Traum sagt, die Kugel sei ein Werkzeug, das sowohl vom Alchemisten als auch vom Nago-Orakelpriester benutzt wird, weist er deutlich darauf hin, daß beide Wissenstraditionen, die westliche und die afrikanische, in derselben Aufgabe vereint sind, nämlich der Extraktion von Gold aus den Tiefen der Erde. Dies ist, wie JUNG so eindrücklich in seinem ‹Kommentar zu 'Das Geheimnis der Goldenen Blüte'› sagt, «das der Menschheit auferlegte, ungeheure Naturexperiment der Bewußtwerdung, das auch die getrenntesten Kulturen als gemeinsame Aufgabe verbindet».[192]

Abschließend möchte ich noch den letzten Traum in der Reihe dieses langen Prozesses der Auseinandersetzung mit dem afrikanischen Geist erzählen. Ich träumte ihn, als ich diese Studie zu schreiben begann. Ich glaube, er faßt das Ergebnis dieser Arbeit auf eine Art zusammen, wie sie mir selbst nicht gelungen wäre. Der Traum ist folgender:

> Ich stehe vor einem Spiegel und halte einen Knaben von etwa vier Jahren in meinen Armen – ein Mulattenkind. Er bittet mich, sein Vater zu sein. Ich sage ihm, daß ich das gerne sein würde, dies aber leider unmöglich scheine, weil wir uns doch so gar nicht ähnlich seien. Mit Hilfe des Spiegels deute ich auf jedes einzelne unserer Merkmale und versuche ihm zu zeigen, wie anders sie sind: meine helle Haut gegenüber seiner dunklen Hautfarbe; mein helles, gerades Haar gegenüber seinem gekräuselten und dunklen Schopf. Er hört sich meine Erklärungen schweigend an. Plötzlich zeigt er mit einem Freudenschrei auf den Spiegel und sagt: «Schau! Die Augen! Sie sind ganz gleich!» Und wirklich, sie sehen genau gleich aus – dunkel, in Farbe und Form absolut identisch. Darauf sagt der Knabe noch: «So kannst Du also doch mein Vater sein!» Ich pflichte ihm bei – und werde sein Vater.

---

[192] GW 13, § 83.

Literatur

ABÍMBÓLÁ, WÁNDÉ: The Yoruba Concept of Human Personality. Dans: La notion de personne en Afrique noire. Colloques internationaux du C.N.R.S., No 544, Paris 1973.
– The Literature of the Ifa Cult. In: Source of Yoruba history. Ed. Biobaku, S.O., Oxford 1973.

BASCOM, WILLIAM: Ifa Divination: Communication Between Gods and Men in West Africa. Bloomington 1969.
– Sixteen Cowries: Yoruba Divination from Africa to the New World. Bloomington and London 1980.

BASTIDE, ROGER: The African Religions in Brazil: Toward a Sociology of the Interpenetration of Civilisations. Baltimore and London 1978.
– Les Amériques noires: Les civilisations africaines dans le Nouveau monde. Paris 1967.
– O Candomblé da Bahia (Rito Nagô). São Paulo [3]1978.

BEIER, ULLI: Yoruba Myths. Cambridge 1980.

BUDGE, E.A. WALLIS: Osiris and the Egyptian Resurrection. New York 1973 (Orig. ed. London 1911).

CABRERA, LYDIA: El monte: Notas sobra las religiones, la magia, las supersticiones y el folklore de los negros criollos y el pueblo de Cuba. Miami 1975.

DIETERLEN, GERMAINE: L'image du corps et les composantes de la personne chez les Dogon. Dans: La notion de personne en Afrique noire. Colloques internationaux du C.N.R.S., No 544, Paris 1973.

VON FRANZ, MARIE-LOUISE: C.G.Jung. Sein Mythos in unserer Zeit. Frauenfeld und Stuttgart 1972.
– Traum und Tod. Was uns die Träume Sterbender sagen. München 1984.
– Spiegelungen der Seele. Projektion und innere Sammlung in der Psychologie C.G.Jungs. Stuttgart/Berlin 1978.
– Creation Myths. Zürich/New York 1972.
– Alchemical Active Imagination. Irving, Texas 1979.
– Alchemy. An Introduction to the Symbolism and the Psychology. Toronto 1980.
– Aurora Consurgens. Ein dem Thomas von Aquin zugeschriebenes Dokument der alchemistischen Gegensatzproblematik. In CARL GUSTAV JUNG: Mysterium Coniunctionis 3. Gesammelte Werke Bd. 14/III, Olten und Freiburg i. Br. 1971.

GLEASON, JUDITH et al.: A Recitation of Ifa, Oracle of the Yoruba. New York 1973.

HERSKOVITS, MELVILLE J.: Dahomey. An Ancient West African Kingdom. New York 1938.

I Ging. Das Buch der Wandlungen. Aus dem Chinesischen übertragen und erläutert von Richard Wilhelm. Düsseldorf-Köln 1967.

IDOWU, E. BOLAJI: Olódùmarè, God in Yoruba Belief. London 1962.

JUNG, CARL GUSTAV: Gesammelte Werke (GW). Zürich und Stuttgart (1958–1970), Olten und Freiburg i. Br. (1971ff.):
5: Symbole der Wandlung. Analyse des Vorspiels zu einer Schizophrenie.
8: Instinkt und Unbewußtes.
Theoretische Überlegungen zum Wesen des Psychischen.
Die Lebenswende.
Synchronizität als ein Prinzip akausaler Zusammenhänge.
9/I: Über Wiedergeburt.
Zur Phänomenologie des Geistes im Märchen.
9/II: Aion. Beiträge zur Symbolik des Selbst.
10: Das Gewissen in psychologischer Sicht.
11: Das Wandlungssymbol in der Messe.
Vorwort zu Suzuki: Die große Befreiung.
12: Psychologie und Alchemie.
13: Kommentar zu ‹Das Geheimnis der Goldenen Blüte›.
Paracelsus als geistige Erscheinung.
Der Geist Mercurius.
Der Philosophische Baum.
14/I: Mysterium Coniunctionis 1.
14/II: Mysterium Coniunctionis 2 (⁴1984).
16: Psychotherapie und Weltanschauung.
Die Psychologie der Übertragung.
– Briefe. Hrsg. von Aniela Jaffé und Gerhard Alder. Bd. I, 1906–1945. Bd. II, 1946–1955. Olten und Freiburg i. Br. 1972.
– Seminare: Kinderträume. Hrsg. von Lorenz Jung und Maria Meyer-Grass. Olten und Freiburg i. Br. 1987.
– Deutsches Seminar 1931 (nicht publiziert).
– Dream Analysis. Notes of the Seminar given in 1928–1930 by C. G. Jung. Ed. by William McGuire (Bollingen Series XCIX), Princeton N.J. 1984.
– The Visions Seminars. Zürich/New York 1976.
– Erinnerungen, Träume, Gedanken von C. G. Jung. Aufgezeichnet und hrsg. von Aniela Jaffé. Zürich und Stuttgart 1962.
– Zugang zum Unbewußten. In: C. G. Jung/M.-L. von Franz (Hrsg.): Der Mensch und seine Symbole. Olten und Freiburg i. Br. 1968.

LALÈYÊ, ISSIAKA PROSPER: La conception de la personne dans la pensée traditionnelle Yoruba. Bern 1970.

LUCAS, OLUMIDE: The Religion of the Yorubas. Lagos 1948.

MAUPOIL, BERNARD: La géomancie à l'ancienne Côte des Esclaves. Paris 1943.

MCCALL, DANIEL: The Marvelous Chicken and its Companion in Yoruba Art and Myth. In: Paideuma 24, Wiesbaden 1978.

PELTON, ROBERT: The Trickster in West Africa. A Study of Mythic Irony and Sacred Delight. Berkeley and Los Angeles 1980.

PEMBERTON, JOHN: Eshu-Elegba: The Yoruba Trickster God. In: African Arts. African Studies-Center-University of California. Vol. IX, Number I, Los Angeles, October 1975.

PEREIRA, NUNES: A Casa das Minas. O Culto dos Voduns Jeje no Maranhão. Petrópolis ²1979.

PIERSON, DONALD: Pretos e Brancos na Bahia. São Paulo.

RADIN, PAUL (ed.): African Folktales. New York 1970.

RAMOS, ARTUR: As Culturas Negras do Novo Mundo. São Paulo 1979.

RODRIGUES, NINA: Os Africanos no Brasil. São Paulo ^{5}1977.

DOS SANTOS, DEOSCOREDES M.: Axé Opô Afonjà. Noticia histórica de un terreiro de Santo da Bahia. Rio de Janeiro 1962.

DOS SANTOS, JUANA ELBEIN: Os Nàgó e a Morte, Pàde, Asèsè e o Culto dos Egun na Bahia. Petrópolis ^{2}1977.

DOS SANTOS, JUANA ELBEIN and DEOSCOREDES M.: Èsù Bara, principle of individual life in the Nàgó System. Dans: La notion de personne en Afrique noire. Colloques internationaux du C.N.R.S., No 544, Paris 1973, 45ff.
– O Culto dos Ancestrais na Bahia: O Culto dos Égun. In: Olóòrìsà. Escritos sobre a Religião dos Orixás. Ágora, São Paulo 1981.

VERGER, PIERRE: Flux et reflux de la traite des nègres entre le golfe de Bénin et Bahia de todos os Santos, du XVIIe au XIXe siècle. Paris 1968.
– Raisons de la survie des religions africaines au Brésil. Dans: Les religions africaines comme source de valeurs de civilisation. Paris 1972, 113–143.
– Notes sur le culte des Orisa et Vodun à Bahia, la Baie de tous les Saints, au Brésil et à l'ancienne Côte des Esclaves en Afrique. Mémoires du I.F.A.N. No 51, Dakar 1957.
– Os Orixás. Deuses Iorubás na Africa e no Novo Mundo. Salvador 1981.

WHEELWRIGHT, JANE H.: The Death of a Woman. New York 1981.

WILLIAMS, DENIS: Art in Metal. In: Sources of Yoruba history. Ed. Biobaku, S.O., Oxford 1973.

WILLIAMS, PETER MORTON: An Outline of the Cosmology and Cult Organization of the Oyo Yoruba. In: Peoples and Cultures of Africa. Ed. Elliott P. Skinner. Garden City. New York 1973.

The Nago Religion in Brazil. Diplom-Thesis am C.G.Jung-Institut Zürich, 1987. Übersetzt von Silvia Danczkay-König, lic. phil. I, Pfaffhausen.

Pedro Penteado Kujawski, lic. psych., 12 Guthrie Street, London SW3 6NU, Großbritannien.

Bildernachweis

Umschlag
Der Lebensbrunnen als ‹fons mercurialis›. CARL GUSTAV JUNG: Psychologie und Alchemie. Zweite, revidierte Auflage, Zürich 1952, Abb. 25, aus dem ‹Rosarium Philosophorum. Secunda Pars Alchimiae de Lapide Philosophico vero modo praeparando . . .› Francofurti 1550.

Seite 13
Marie-Louise von Franz. Aufnahme: Françoise Selhofer, 8. September 1982.

Seiten 17, 20, 22, 25
Marie-Louise von Franz im Film von Françoise Selhofer, Herbst 1982.

Seite 31
Der Turm in Bollingen. Aufnahme 1979.

Seite 56
König der Könige. Ausschnitt eines Freskos in der Stiftskirche Lambach, Oberösterreich, im ehemaligen Westchor (10. Jh.).

Seite 78
Androgyne Gottheit zwischen einer männlichen Schlange mit der Sonne und einer weiblichen mit dem Mond. Spätbabylonische Gemme. CARL GUSTAV JUNG: Psychologie und Alchemie, Abb. 183, nach J.B.F. LAJARD: Mémoire sur une représentation figurée de la Vénus orientale androgyne. Nouvelles Annales de l'Institut Archéologique. 1849, Tome I, 161.

Publikationshinweise

JUNGIANA · Beiträge zur Psychologie von C.G. Jung

Soeben erschienen:

Reihe B Band 1:
HANSUELI F. ETTER: Der Schöpfungsteppich von Girona. Ein hochmittelalterliches Gottesbild aus dem christlichen Spanien: Seine Bedeutung in unserer Zeit.
Aus dem Inhalt: Beschreibung des Teppichs · Seine Geschichte · Seine Verwendung · Die Bedeutung als Teppich · Der Teppich als Mandala · Als Bild des Kosmos · Als Bild des vollständigen Menschen · Der Uranfang – ein doppelgeschlechtliches Gottesbild · Die einzelnen Schöpfungsakte – Psyche, Raum, Materie, Zeit, Leben als Quinta Essentia · Physik und Tiefenpsychologie – moderne Wege zum Einen-Seienden · Die Bedeutung der Simsonbilder · Die Bedeutung der Kreuzholzlegende · Die heilige Helena · Der jüdische und islamische Einfluß im Teppich · Die Ergänzung der fehlenden Teppichteile.
Pappband, 124 Seiten, 7 Farbtafeln, 36 Schwarzweiß-Bilder, 1 Farbtafel 39 × 39 cm. Fr./DM 38.– (Subskriptionspreis bis 28.2.90 Fr./DM 29.50)

Erschienen Mai 1989:

Reihe A Band 1:
Inhalt: BARBARA HANNAH: Die religiöse Funktion des Animus im Buche Tobit · EVA WERTENSCHLAG: Das Gespräch zwischen Khalid und Morienus. Ein Beitrag zur psychologischen Deutung alchemistischer Vorstellungen · HANSUELI F. ETTER: Der Einsiedler Meinrad vom Finstern Wald. Sein Lebensweg und sein Gottesbild · GOTTHILF ISLER: Der Schlangenkuß. Zur Erlösung des Weiblichen in den Volkssagen des Alpengebietes · ALFRED RIBI: Fortleben nach dem Tode aus der Sicht der Jungschen Psychologie · FRANK GEERK: Die Alchemie – eine moderne Wissenschaft? Ein Gespräch mit MARIE-LOUISE VON FRANZ.
152 Seiten, 4 Farbtafeln. Fr./DM 28.–.

Zu beziehen bei:
Fotorotar AG, Verlagsabteilung JUNGIANA, CH-8132 Egg

In Vorbereitung:

Reihe A Band 3:
Aufsätze, Vorträge

Reihe B Band 2:
WILHELM JUST: Bilder der Schöpfung in Physik und Mathematik

Reihe B Band 3:
ALFRED RIBI: Die Dämonen des Hieronymus Bosch. Versuch einer Deutung

Besonderer Hinweis:

C.G. Jung im Gespräch. Interviews, Reden, Begegnungen. Daimon Verlag Einsiedeln

Weitere Neuerscheinungen

HANSUELI F. ETTER, URS BAUR, JÜRG HANSER, JÖRG E. SCHNEIDER: Die Zürcher Stadtheiligen Felix und Regula. Legenden, Reliquien, Geschichte und ihre Botschaft im Licht moderner Forschung. Zürich 1988

ALFRED RIBI: Was tun mit unseren Komplexen? Über die Dämonen des modernen Menschen. München, Kösel-Verlag 1989

MARIE-LOUISE VON FRANZ: Psychotherapie. Erfahrungen aus der Praxis. Einsiedeln, Daimon Verlag 1990

MARIE-LOUISE VON FRANZ: Psyche und Materie. Einsiedeln, Daimon Verlag 1988

MARIE-LOUISE VON FRANZ: Spiegelungen der Seele. Projektion und innere Sammlung in der Psychologie C.G. Jungs (Neuauflage). München, Kösel-Verlag 1988

MARIE-LOUISE VON FRANZ: Schöpfungsmythen (in Vorbereitung). München, Kösel-Verlag

Zeitschriften, Sammelbände

GOTTHILF ISLER: Die Schatzjungfrau – ‹nur› eine arme Seele? Zum psychologischen Verständnis einiger Erlösungssagen. In: Leander Petzoldt/Siegfried de Rachewiltz (Hrsg.): Der Dämon und sein Bild (Beiträge zur Europäischen Ethnologie und Folklore. Reihe B, Band 2), Frankfurt am Main 1989, 43–63

GOTTHILF ISLER: Die Krönleinschlange. Zur Kompensation des Christentums durch die Volkssage. Ebenda, 103–121